取締役会が機能すれば中小企業の経営力は上がる

～「事業再構築補助金」が内部統制と生産性向上を促す

経営コンサルタント・中小企業診断士

中村 中 著

ビジネス教育出版社

はじめに

1）中小企業経営者と従業員の考え方の変化

　最近のマスコミの中小企業に対する論調は変わって来ました。中小企業は弱者であり、守られるべき人々の集まりで、日本の安定雇用の下支え、というニュアンスから、中小企業自身が企業生産性を高めて、日本のGDPを引き上げてもらいたいという要請です。企業生産性を高めれば、従業員の給料も上がり、消費も活気づいて、日本が元気になるということです。そして、今、中小企業の生産性を高めるには、経営者自身のやる気と経営インフラとしてのデジタル化の引上げが必須であり、企業自身のパワーアップには経営の根幹をなす取締役会が大転換することが欠かせません。中小企業経営者のワンマン経営では、経営者の気持が組織メンバーには伝わりにくく、デジタル化の効果も生じず、企業生産性アップの達成に結びつきません。実際、デジタル化、インターネット化、SDGs、グリーン化の情報は、どんなに優秀な経営者であろうとも、とても独力で取り込むことは、できないと思います。

　終戦後から1990年頃までは、日本はもの不足であり、作れば売れる時代でした。職場で働き方を工夫すれば、経営者自身の旗振りで、多くの物を作ることができ、その生産物は飛ぶように売れて、給料も上がり、汗をかいた従業員は誰でも住宅やテレビ・洗濯機・冷蔵庫も買うことができました。

　しかし、2000年以降は、様子は大きく変わりました。一生懸命に働いても、職場の地位も思うようにアップしません。中小企業経営者は、社長職を続け、事業承継など考えないままに、気が付けば、年齢は高くなり、長期政権となりました。競争は激しくなって、毎日の仕事も効率化を図りながら工夫をしなければなりませんでしたが、改善には及ばず、相変わらず、ルーティンワークを続けているだけでした。中小企業の社長は「目標を達成せよ」「前年実績を上回れ」「競争相手に負けるな」と檄を飛ばすことはしたものの、皆の気持を高めることはできませんでし

た。一方、多くの社長は、職場を離れたときは、取引先とのゴルフや同業者との宴会に出かけ、経営者としての仕事への情熱は従業員の皆さんにはあまり伝わらないようでした。

　そんな状況が続いているときに、新型コロナウイルス危機が発生し、社会の動きとして、三密防止で、宴会や接待ゴルフがなくなり、従業員にはテレワークが広がっていきました。社長の専業になっていたゴルフ接待や夜の宴会は三密防止のためか実施されなくなり、会社に出勤しては必ず行う、業績発表会や、その報告資料作成の作業も少なくなり、今までやっていた仕事の見直しがされるようになりました。

　IT化やデジタル化が進んで、SDGsの動きやグリーン化が浸透すると、経営者の仕事内容が透明化され、社長のワンマン経営の本質や、意思決定の不合理さが見えてくるようになりました。また、上司が自分たちに出していた指示は、トップからの単なる伝言にしか過ぎないことも見えてきました。実績を上げている同僚の実態も、デジタル化をうまくとらえたことや、ラッキーの重なりであったこともわかってきました。そして、自分たち中小企業の真の働き方は、気心の知れた仲間同士で、情報の相互交流をしながら、力を合わせることが望ましいと、痛感するようになりました。会社で上司から与えられた目標を達成し、毎期・毎年の利益を機械的に上げるよりも、企業の周囲のステークホルダーと情報交換をしながら、SDGsや環境問題に納得しながら働いて、給料が上がって豊かな消費生活を送れることが、自分たちの生き甲斐であることがわかるようになりました。

2）中小企業への外圧の強まりと内部の実情

　さて、中小企業の生産性を高め付加価値を上げるためには、経営者の業務目標の強化や中間管理職が行う部下への厳しい目標管理では、うまくいかないことを、皆、知っています。今までのやり方を続けても勝算は見えてきません。そこで、行政機関は「事業再構築」を推奨しました。

国としては、「事業再構築補助金」を中小企業に投入し、中小企業に対して、事業再構築のために、「新分野展開」や「事業転換」「業種転換」「業態転換」「事業再編」の具体策を講じてもらいたいと考えました。企業自体の構造改革を行って、付加価値を上げることを目指さなければならないことに気づきました。そのために、行政機関は、「事業再構築補助金」の公募要領を作成して、申請方法の手順説明を公表しました。この公募要領は、「事業再構築補助金」の申請企業に対して、これからのあるべき姿や、申請補助金の活用方法を詳細に述べ、企業をその方向に勧奨するようになりました。

　しかし、中小企業の経営者もまた従業員も、「事業再構築」の考え方では、企業内部が一つの気持ちになって、いかに働けば企業生産性の向上を図れるかという不安が、なかなか解消していません。行政機関としては、企業内における経営者や従業員のやる気については、その経営者の当然のミッションであると思っているようです。とはいうものの、現在の中小企業は、経営者と従業員、または、経営層と一般の働き手の間に、大きな溝があります。このままでは、この「事業再構築補助金」の趣旨が、全員に浸透して、社内の気持が一つにまとまることは難しいと考えているようです。

　現在の中小企業には、経営者と働き手の間の溝が埋められず、その接点になる合議制の会議である取締役会は、ほとんど機能していないようです。取締役会が開催されたとしても、社長や会長の一方的な命令や指示が全員に伝えられ、参加者間で建設的な協議がなされることはないようです。このような取締役会が日常化され、会議としての意見交換や情報交換はほとんどなされていません。会社法で定められた取締役会では、その条文に書かれた内容までは、ほとんど実践されてはいませんし、代表取締役の選任や議事録の作成またそれらの情報開示などには至りませんし、一度として実行されたことがない企業も多くなっています。中小企業経営者は、株主と経営者が同一であって、企業の規模も少人数であ

るため、常に情報交換は密に行われていると思われ、情報交流は何の支障もないと思っているようです。経営者は、部下とは「一枚岩」とよく言っていますが、実際は、経営情報は従業員などにはあまり届けたことはないようです。まさに、従業員は、情報ののけ者扱いのようです。

3）取締役会の役割と中小企業の経営力

　このことは、意外に思われるかもしれませんが、事実なのです。このような経営者と従業員の断絶は、中小企業に大きな問題を投げかけるようになっています。経営者と従業員などの間の情報交換がないことから、経営者の事業承継は円滑にいかなくなっています。経営者だけしか知らない情報が多過ぎて、後継者が引継ぎを受けるにはこのことが大きな壁となり、この障害を超えられないようです。新後継者と従業員の格差が大き過ぎ、話が通じない状況とも言えます。

　経営者と従業員では、会社のステークホルダー（利害関係人）に対する見方が異なり、ステークホルダーとの円滑な人間関係も保たれないことも目立っています。金融機関に対する経営者保証についても、後継者と現経営者の資産格差や情報格差も大き過ぎて、金融機関にも戸惑いが生じています。また、取締役会の活用や合議制の徹底についても、経営者と後任経営者の間で大きな認識の違いがあり、意思決定の断絶も極端になっています。

　とは言うものの、取締役会の活用や運用については、現在の経営者も後継者も、ほとんど知識がなく、合議制による意思決定の手続きも知らないようです。しかし、経営者も従業員も、典型的な取締役会を見たことも、経験したこともないようです。中小企業経営者においては、会社法に明記されている取締役会について、ほとんど知らないことが多く、合議制に沿った取締役会に出席したこともないようです。

　株主総会ならば、普段あまり顔を合わせない人や意見が異なる人と接することで、気を張って緊張するかもしれませんが、取締役会への参加

については、あまり構えないようです。経営者としては、いつも顔を合わせていて自分が取締役に推薦したメンバーの会議ですから、会社法に述べられている正式な取締役会を催すこともないようです。しかし、この取締役会の方が、株主総会よりも、経営者としては、より重要なのです。経営面における大切な決定事項の協議や決裁が多く、取締役の同意が得られないならば、会社運営が成り立たないことも多々あります。その運営がうまくいけば、会社は大きく発展しますし、逆は、命取りにもなります。

　このような取締役会について、本書では、その事前の会議、補完の会議も含めて、極力、実況放送のように詳しく述べていくことにします。取締役会とは、会社にとっては、頻繁に行われる身近な会議に聞こえますが、実際に、ルールに沿った取締役会に出席し、その場で、質疑や協議を行った経験者は意外に少ないものです。取締役会は、内部統制の中心的機能であり、現在では、上場会社において憲法のように扱われている「コーポレートガバナンス・コード」の大きな柱でもあります。しかし、その役割まで熟知している中小企業の経営者はそれほどいません。

　本書は、現在想定できる中小企業の取締役会の案件としては、最も複雑な議題となる「事業再構築補助金の申請の件」について、その進行や討議の内容を詳しく、ご紹介することにします。

　このことが、皆様の気づきになり、合議制である取締役会を自由に活用できるようになられることを、期待しているからです。取締役会が機能しないと中小企業の経営力は上がりません。

Contents

第3章

取締役会の役割と 「事業再構築補助金」申請の進め方〈事例2〉

第 **4** 章　取締役会が機能すれば中小企業の経営力は上がる

▶ おわりに

第 1 章

中小企業の経営力向上は
取締役会の機能活用にある

1 中小企業白書から見る 中小企業経営の実情

　中小企業の取締役会の実態を、2018年版の中小企業白書からご紹介します。

　この2018年版の中小企業白書は、第1部で、中小企業の労働生産性や経営の在り方を分析し、第2部で、深刻化する人手不足と中小企業の生産性革命について述べています。まさに、現在、話題になっている中小企業の課題を、前もって指摘しているものと言えます。その指摘は以下のような図表を示し、その中心的な位置づけである取締役会については、「定期的な取締役会の開催」「取締役会の設置状況と投資行動や経営の取組」にて、取締役会自身の経営への貢献を示しています。

将来のビジョンと経営のPDCAサイクル

　また、「意思決定構造と企業行動」については、機械・設備投資、IT化投資、研究開発投資、人材育成、業務効率化、アウトソーシングなどの現在の重要意思決定は、設置している取締役会で意思決定を行っていることを、示しています。

取締役会の設置状況と投資行動や経営の取組

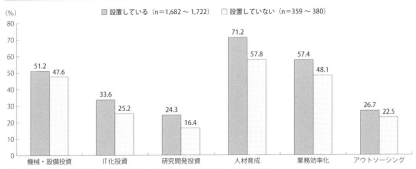

資料：アクセンチュア(株)「中小企業の経営体制・経営管理等に関する調査」(2017年11月)
(注)「10年以上前から設置している」、「過去10年以内に設置した」と回答した企業を「設置している」とし取締役会を設置しているかについての回答ごとに、アンケート調査の各投資について、「毎年欠かさず行っている」、「ほぼ毎年行っている」と回答した企業を集計している。

　このように、2018年版の中小企業白書は、取締役会について、投資行動や経営の取組みなどの効果を高めることを述べ、その後に、第1部第4章にて、経営の在り方として、中小企業における取締役会の実情を示しています。

　まずは、中小企業のオーナー経営者などの所有形態を示しています。この図表やグラフを見ていただくと、中小企業の経営者は、オーナー経営者が約70％となっており、小規模の企業が多いものの、そのオーナー経営者は5 〜 10年の長期的な視点を持っています。しかし、その在任期間としては、10年超が70 〜 80％と大半を占めています。これでは、発言内容を選んで、参加者に報告・協議・決済・モニタリング状況を述べてもらうような、煩わしい取締役会などの開催には、オーナー経営者は抵抗感を抱くと思いますし、各取締役や監査役も、自由な発言も出しにくい取締役会には、参加意欲も湧かないと思います。

②所有形態の状況

　第1-4-4図は、中小企業の所有形態を示したものである。オーナー経営企業が約72％、オーナー経営企業でない企業が約28％となっており、オーナー経営企業の比率が高い。また、オーナー経営企業でかつ外部株主がいないという、所有と経営が一致している企業は全体の約30％存在している。

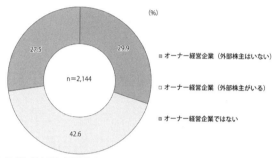

(%)

n=2,144

27.5
29.9
42.6

▫ オーナー経営企業（外部株主はいない）

▫ オーナー経営企業（外部株主がいる）

▫ オーナー経営企業ではない

資料：アクセンチュア（株）「中小企業の経営体制・経営管理等に関する調査」（2017年11月）

　これを従業員の規模で表しますと、小さい規模ほど、オーナー経営企業が多いことがわかります。

第1-4-5図　所有形態（従業員規模別）

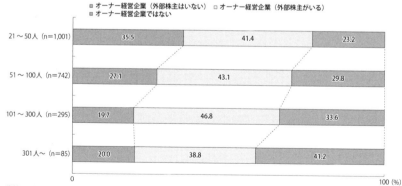

▪ オーナー経営企業（外部株主はいない）　□ オーナー経営企業（外部株主がいる）
▪ オーナー経営企業ではない

21〜50人（n=1,001）	35.5	41.4	23.2
51〜100人（n=742）	27.1	43.1	29.8
101〜300人（n=295）	19.7	46.8	33.6
301人〜（n=85）	20.0	38.8	41.2

0　　　　　　　　　　　　　　　　　　　　　　　　　　　　　　　　100 (%)

資料：アクセンチュア（株）「平成29年度我が国中小企業の構造分析及び構造変化の将来推計に係る委託事業報告書」（2018年3月）
（注）2016年における企業の従業員規模ごとにオーナー経営企業であるかについての回答を集計している。

そのような中小企業の経営者が見据えている、経営の先行きの年数は
オーナー経営企業ほど、長期間になっています。

第1-4-22図 経営を見据える年数（所有形態別）

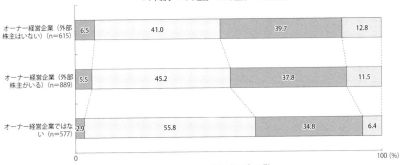

資料：アクセンチュア（株）「中小企業の経営体制・経営管理等に関する調査」（2017年11月）
(注) オーナー経営企業であるかについての回答ごとに、「10年程度」、「20年程度」を「10年以上」とし、経営について何年程度先を見据え
た経営を行っているかについての回答を集計している。

その経営者の在任期間は、オーナー経営企業は大半が10 〜 20年超と
なっています。

第1-4-23図 経営者の在任期間（所有形態別）

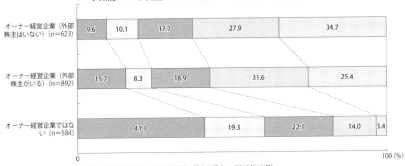

資料：アクセンチュア（株）「中小企業の経営体制・経営管理等に関する調査」（2017年11月）
(注) オーナー経営企業であるかについての回答ごとに、社長（代表者）の在任歴についての回答を集計している。

しかも、オーナー経営企業においては、合議制で意思決定を行わず、実質的に代表者自身が一人で意思決定を行っている企業が60％超になっています。

第1-4-26図　意思決定の方法（所有形態及び従業員規模別）

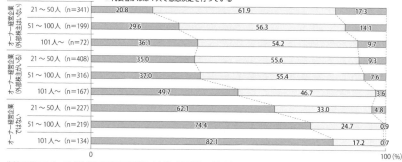

- 取締役や経営幹部と議論をし、合議制で意思決定を行っている
- 取締役や経営幹部に相談しながら、実質的には代表者自身が意思決定を行っている
- 代表者がほぼ1人で意思決定を行っている

オーナー経営企業（外部株主いる）
21～50人（n=341）　20.8　61.9　17.3
51～100人（n=199）　29.6　56.3　14.1
101人～（n=72）　36.1　54.2　9.7

オーナー経営企業（外部株主いない）
21～50人（n=408）　35.0　55.6　9.3
51～100人（n=316）　37.0　55.4　7.6
101人～（n=167）　49.7　46.7　3.6

オーナー経営企業ではない
21～50人（n=227）　62.1　33.0　4.8
51～100人（n=219）　74.4　24.7　0.9
101人～（n=134）　82.1　17.2　0.7

資料：アクセンチュア（株）「平成29年度我が国中小企業の構造分析及び構造変化の将来推計に係る委託事業報告書」（2018年3月）
（注）2016年における企業の従業員規模及びオーナー経営企業であるかについての回答ごとに、経営に関する重要な意思決定を行う方法について回答した企業を集計している。

　しかも、その中小企業としては、業歴が長く、現社長の年齢が高いほど、「成長意欲があまりないこと」が、以下の「コラム1-4-1」で、明確になっています。この傾向は、経営者自身に対して、デジタル化、DX化、SDGsに沿ったグリーン化などの要請が高まると、一層高くなると思われます。

コラム 1-4-1　　　　　　中小企業の成長意欲

「企業の成長」とは何か。売上高や利益の増加や従業員規模の拡大といった量的拡大もあれば、サービスや技術力、従業員の能力の向上といった質的向上もあり、企業や経営者の考えによって目指すべき方向はそれぞれ異なるだろう。ここでは、売上高や利益の増加、従業員数の増加を「企業の成長」として捉え、その成長意欲について見ていく。

コラム1-4-1①図は、業歴別の成長意欲について示したものである。どの業歴においても「時間をかけて安定的な成長を実現したい」と答えた企業が約7割で多い。また、業歴が短いほど「短期間に高い成長を実現したい」と答える割合が多く、創業10年未満では約23%に及んでいる。他方で、業歴が50年を超えると「成長にこだわらず、現状の状態を存続していきたい」と回答する企業が約2割おり、業歴を重ねるほど現状維持志向になる傾向が見られる。

コラム1-4-1①図　業歴別企業の成長についての意欲

資料：アクセンチュア（株）「平成29年度我が国中小企業の構造分析及び構造変化の将来推計に係る委託事業報告書」（2018年3月）
（注）2016年の業歴ごとに、売上高や利益の増加、従業員数の増加といった、「企業の成長」について回答した企業を集計している。

コラム1-4-1②図は、経営者（現社長）の年代別に見た成長の意欲について示したものである。若い経営者のほうが「短期間に高い成長を実現したい」という比率が高く、「成長にこだわらず、現状の状態を存続したい」という企業の割合が低い。また、年齢が上昇するほど短期間で高成長を目指す企業の比率が減少し、現状維持を目指す企業の比率が上昇する傾向にあることが見て取れる。

コラム1-4-1②図　現社長の年代別成長についての意欲

凡例：
■ 短期間に高い成長を実現したい
□ 時間をかけて安定的な成長を実現したい
■ 成長にこだわらず、現状の状態を存続していきたい
□ 衰退傾向にあり現状維持は困難だろう

40歳代以下 (n=408)　10.5　76.0　10.8　2.7
50歳代 (n=607)　9.7　73.3　15.5　1.5
60歳代 (n=834)　7.0　74.0　16.9　2.2
70歳代以上 (n=267)　5.2　67.4　23.2　4.1

0　　　　　　　　　　　　　　　　100 (%)

資料：アクセンチュア（株）「中小企業の経営体制・経営管理等に関する調査」（2017年11月）
（注）「29歳以下」、「30歳代」、「40歳代」を「40歳代以下」とし、現社長の年齢についての回答ごとに、売上高や利益の増加、従業員数の増
　　加といった、「企業の成長」について回答した企業を集計している。

　かつて、多くの中小企業経営者は、将来、パナソニックや本田技研工業のような企業に成長させ、従業員や地域に貢献したいと思っていました。多くの中小企業の社長は、京セラの稲盛和夫氏の盛和塾や一倉定氏の社長セミナーで、企業の成長戦略などを学んできましたが、最近は、中小企業から大企業に成長させようとする経営者の意向は減退してきました。そして、「中小企業の方が創造的な活動がしやすいから」「中小企業の規模の方が人材をマネジメントしやすいから」「中小企業の方が税制・補助金のメリットが大きいから」などの理由から、従業員や地域住民などの意向を重視せず、現状維持を求める経営者が多くなっているようです。

コラム1-4-1③図は、中小企業に区分されている企業に対して、大企業を目指しているかどうかを尋ねたものである。「特に考えはない」という企業が過半数である中、「大企業を目指している」と答えた企業は全体の約8%である。一方で、「中小企業に留まりたい」と答えた企業が約38%存在しており、中小企業であることにメリットを感じている企業も一定数存在している。

コラム1-4-1③図　大企業・中小企業についての意向

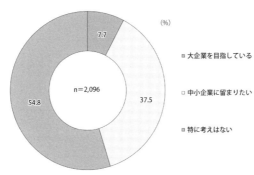

(%)

■ 大企業を目指している

□ 中小企業に留まりたい

■ 特に考えはない

n＝2,096

7.7
54.8
37.5

資料：アクセンチュア（株）「中小企業の経営体制・経営管理等に関する調査」（2017年11月）

コラム1-4-1④図は、コラム1-4-1③図で「中小企業に留まりたい」と答えた企業の理由を示したものである。最も回答が多かったのは、「中小企業の方が創造的な活動がしやすいから」が約24%で最も多く、次いで「中小企業の規模の方が人材をマネジメントしやすいから」が約20%と続いている。

以上から、中小企業ならではの強みやメリットを感じて中小企業に留まりたいと考えている企業も相応数存在していると考えられる。

コラム1-4-1④図　中小企業に留まりたい理由

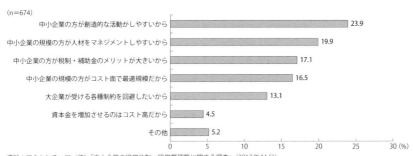

(n＝674)

	(%)
中小企業の方が創造的な活動がしやすいから	23.9
中小企業の規模の方が人材をマネジメントしやすいから	19.9
中小企業の方が税制・補助金のメリットが大きいから	17.1
中小企業の規模の方がコスト面で最適規模だから	16.5
大企業が受ける各種制約を回避したいから	13.1
資本金を増加させるのはコスト高だから	4.5
その他	5.2

資料：アクセンチュア（株）「中小企業の経営体制・経営管理等に関する調査」（2017年11月）
（注）大企業になることについてどのように考えるかについて「中小企業に留まりたい」と回答した企業において、中小企業に留まりたい理由について回答した企業を集計している。

さらには、2022年4月からスタートしたプライム市場・スタンダード市場・グロース市場に属する上場企業にとっては、必須項目になってい

る内部統制の情報開示では、中小企業経営者は、ほとんど興味すら示さない状況になっています。債権者や金融機関に対しては、決算情報の開示は行うものの、従業員や取引先に対しては、その開示や説明も行っていないようです。決算情報に対する、ステークホルダーからの規律付けもあまり行われていません。また、経営者については、決算報告開示の責任やメリットも総じて感じていないようです。

　第1-4-32図は、決算情報の公開範囲を従業員規模別に見たものである。従業員規模が21〜50人と比較的小さい規模の企業では、「債権者・金融機関」に公開している企業が8割超に及ぶ。これは、金融機関からの資金調達のために決算情報を公開しているものと思われる。他方、従業員規模が大きくなると、「株主・出資者」といった利害関係者や、「経営幹部・管理職」といった経営に携わる関係者へ決算情報を共有している割合が高くなる。

第1-4-32図　決算情報の公開範囲（従業員規模別）

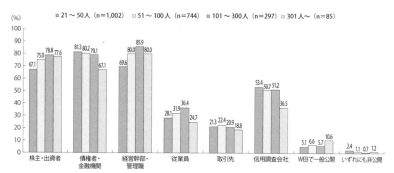

資料：アクセンチュア（株）「平成29年度我が国中小企業の構造分析及び構造変化の将来推計に係る委託事業報告書」（2018年3月）
（注）1. 2016年の従業員規模ごとに、決算情報を公開している範囲（開示対象者）について回答した企業を集計している。
　　　2. 複数回答のため、合計は必ずしも100%にはならない。

第1-4-33図は、決算情報開示によるメリットを見たものである。「企業経営の健全化」との回答が一番多く、続いて、「対外信用力の向上」、「資金調達の容易化」が多い。「資金調達の容易化」については、特にオーナー経営企業でそのメリットを感じている状況にある。

第1-4-33図　決算情報開示のメリット（所有形態別）

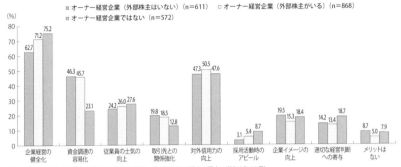

資料：アクセンチュア（株）「中小企業の経営体制・経営管理等に関する調査」（2017年11月）
（注）1. オーナー経営企業であるかについての回答ごとに、決算情報の開示によるメリットとして感じられるものについて回答した企業を集計している。
　　　2. 複数回答のため、合計は必ずしも100％にはならない。

　以上、2018年版中小企業白書の第4章と「中小企業の成長意欲」を一読した場合、「中小企業自身が企業生産性を高めて、日本のGDPを引き上げる」という、2020年代に入ってからの国の強い要請も、一般の中小企業の経営者には、かなり高めの玉であり、未だに届いていないように思われます。

　中小企業経営者の意識改革には、企業経営自体をワンマン経営型から合議制の意思決定型に変更しなければならないと思われます。この合議制こそ、経営者の意思決定への情報吸収の場であり、企業の内部統制のフォローの場であって、経営者自身の反省の場であると同時に、経営全体のモニタリングの機会にもなっていることから、この取締役会の活性化が必要であると思います。

2 中小企業の取締役会の 実情と機能向上策

1 企業経営における事業再構築補助金申請の意義

　会議に慣れていない経営者は、何を話し合うべきか、いろいろな意見がある場合はそんな議案はうまくいくはずはないし、無理やり実行に移せば将来に不協和音が生じ禍根を残す、とにかく、ビジネスは経営者が覚悟を持って意思決定を行い、実践するのみ、と強く思われているのかもしれません。

　しかし、自社が、「機械・設備投資、IT化投資、研究開発投資、人材育成、業務効率化、アウトソーシング」などの大きな業務を行う時は、この意思決定で、企業自体の屋台骨がぐらつくかもしれません。もし、設備投資を行ってもモノが売れなかったら、その設備に投入した借入金の返済ができなくなるかもしれませんし、IT投資を行っても、新製品が出れば、そのシステム投資は、陳腐化するかもしれません。このようなビジネスリスクは、身の回りに頻繁に起こる時代になっています。一昔前の経営者は、設備投資を行えば、効率化でコスト削減ができ、売上は伸びるし、システム投資などは、よほどの企業しか行わないことから、競争力は間違いなく高まりましたが、今は、マーケット情報やIT機器情報、SDGsやグリーン情報を、広く収集して吟味しなければ、間違った意思決定を犯すかもしれません。

　その意思決定が、事業再構築であり、事業再構築補助金申請となれば、「機械・設備投資、IT化投資、研究開発投資、人材育成、業務効率化、アウトソーシング」のすべての項目に関係する大きな意思決定になるも

のと思われます。現在の営業部や製造部のメンバーの日常業務に上乗せする業務配分では間に合わず、プロジェクトチームを組成することになったり、人材の新規採用や研修の充実や企業全体の組織改編を行わなければならないかもしれません。「新分野展開」には、新しい人材やモノの投入が伴いますし、「事業転換」「業種転換」「業態転換」とは、企業を挙げた大改革であり、「事業再編」については経営者や取締役の交代も生じるかもしれません。ワンマン経営者の意思決定では負担が大きく、社内への徹底は難しく、合議制の会議、すなわち、取締役会での意思決定が必要になるものです。

　会議は、情報を収集し、メリットとリスクを判断するために必要であり、その参加者に、意思決定事項を企業全体に徹底させることにもなります。また、企業の外の外部環境や、企業内部の掘り下げた内部環境などの、それぞれの情報、また行政機関・金融機関の高度な情報などに対する取捨選択も皆で行うことが必要になります。判断する情報が多くなれば、会議の位置づけも高まります。

　事業再構築補助金とは、企業経営を再構築することであり、自社の方向性を変更する重大決定に該当します。どんな経営者であろうとも、「新分野展開」「事業転換」「業種転換」「業態転換」「事業再編」の意思決定を行うことは、会社の方向性を変更することであり、どんなに経験を積んだ経営者であろうとも、一人で決定するには、荷が重すぎます。まさに、取締役会の決定事項になります。

　取引条件の行き違いによる親密先の変更や、輸送経路や決済条件に関するビジネスモデルの切り替え、内部組織の統合や分割に伴う人事異動、また研修内容や採用方針の調整などの決定事項など、これらの項目についての意思決定とは違って、「事業再構築」の件は、企業にとって、将来の持続可能性に影響するテーマで、合議制の取締役会の決裁事項にな

ります。これらのことは、経営者一人で決定するには、大きなプレッシャーになりますので、合議制の取締役会に諮って、今後については、取締役会の議案として取締役間で協議・質疑・検討を行い、取締役の皆さんで承認してもらうことが、欠かせないと思います。

2 一般的な取締役会の決定事項

　一般的には、取締役会の報告、協議、決裁事項などは、「事業再構築」ほどの大きな案件ではありません。実際は、もう少し日常的な議案が、取締役会の大半です。以下の会社法の362条に詳しく述べられています。

（取締役会の権限等）

第362条　取締役会は、すべての取締役で組織する。

2　取締役会は、次に掲げる職務を行う。

　一　取締役会設置会社の業務執行の決定

　二　取締役の職務の執行の監督

　三　代表取締役の選定及び解職

3　取締役会は、取締役の中から代表取締役を選定しなければならない。

4　取締役会は、次に掲げる事項その他の重要な業務執行の決定を取締役に委任することができない。

　一　重要な財産の処分及び譲受け

　二　多額の借財

　三　支配人その他の重要な使用人の選任及び解任

　四　支店その他の重要な組織の設置、変更及び廃止

　五　第676条第一号に掲げる事項その他の社債を引き受ける者の募集に関する重要な事項として法務省令で定める事項

　六　取締役の職務の執行が法令及び定款に適合することを確保するための体制その他株式会社の業務並びに当該株式会社及びその子会社から成る企業集団の業務の適正を確保するために必要なものとして法務省令で定める体制の整備

> 　七　第 426 条第 1 項の規定による定款の定めに基づく第 423 条第 1 項
> 　　の責任の免除
> 　5　大会社である取締役会設置会社においては、取締役会は、前項第六
> 　　号に掲げる事項を決定しなければならない。

◆ 業務執行の決定

　第 2 項一号の「業務執行の決定」については、「報告・決裁・協議」
の内容です。

　普通、毎月行われる取締役会の場合、議長が開会を宣言すると、前月
の業績の報告をします。多くは、営業部門の担当役員が、売上について
報告をします。総売上だけを報告するケースもありますが、詳しい報告
の場合は、地域別・商品別・担当セクション別など、それぞれの売上デ
ータ表を示します。卸・小売業界では、月間の販売報告を地域別・商品
別・担当セクション別の部門ごとに分け、それぞれの部門内会議の合算
数値を報告しています。販売の部門別報告は、販売モニタリングの課題
が明確になり、事後対応が円滑に進められます。製造業界については、
工場別、製品別、資材調達別など、それぞれの製造データ表を示します。
この製造においても、報告数値で、製造モニタリングの課題が明確にな
り、事後対応がスムーズに進められます。

　管理部門担当役員が、経費の報告をする場合は、前年比、前期比、目
標比の大きな変動について、その原因・対策を述べていきます。季節ご
とのイベントや賞与時期・退職時期によって、数値が動きますが、特殊
要因調整後の数値の報告がポイントになります。総務部門や財務部門、
広報部門については、人件費や資金調達関連また広告宣伝費・マスコミ
対策の大きな動きを報告します。

　企画部門担当役員が、報告するときなどは、特別なイベントに絡めて、
大きな数値変動などを話します。特に、期末月の前には、翌期の計画や
長期計画について、経営理念との整合性や、外部・内部環境の関わりに
ついて、具体例を交えて説明を行います。管理会計を励行している企業

は、目標との大きな差異の解説を行います。最近では、デジタルデータ化、DX、またSDGs、環境問題などについてのテーマを、担当部門長が解説することが多くなっています。

それらの報告の後に、参加役員全員で関連の質疑を行い、それぞれの報告内容の賛否を代表取締役等の議長が諮ります。

◆ 執行の監督、代表取締役の選定及び解職、業務執行の決定

次に、第2項二号の「執行の監督」とは、執行取締役の通常の業務活動の監督と、決裁案件の実行に対する監督について、特に目立つ内容に絞って、発表します。

大きな協議や決裁を行った場合は、それぞれの案件について、少なくとも2～3回の「執行の監督」は必要になります。

また、第2項三号の「代表取締役の選定及び解職」については、多くの中小企業の幹部の方々は、この権限は代表取締役または大株主が保有しており、取締役会にはないと思われているようですが、この権限は、第3項にも明記されている通り、取締役会にあります。

さらに、第4項の「業務執行の決定」も取締役会にあります。前述の「機械・設備投資、IT化投資、研究開発投資、人材育成、業務効率化、アウトソーシング」や、資金調達案件などは、ここに含まれますし、特に、第4項六号については内部統制であり、この決定も取締役会にあります。「コンプライアンス委員会」などを開催している場合は、この委員会を別枠扱いにしている企業もありますが、原則として取締役会の傘下に位置づけています。

取締役会では、これらの報告が済んだ後に、出席している取締役や監査役が協議を行って決裁することが通例になっています。

多くのワンマン経営者の方々は、会社法362条で取締役会に認められている権限を、ほとんど自分自身が保有していると思っているようですが、法律上は取締役会にあります。

3 企業経営における事業再構築補助金申請と取締役会

　事業再構築補助金の公募要領には、取締役会に関する記載はありませんが、事業再構築にチャレンジするために取締役会を通して、情報提供・意見交換を行うべきです。また、経営者としては自分の考えや知識の再確認を取締役会で行うべきです。経営者としては、事業を再構築する場合は「言わずもがな」と言われるような新用語や新概念を何回も確認することが必要になってきます。例えば、SDGsには、17目標の他に169のターゲットや232の指標がありますし、コーポレートガバナンス・コードにも、補充原則があります。「SDGsのNo.9の目標（産業と技術革新の基盤を作ろう）における細目（169のターゲットや232の指標）の内容」まで、注意している中小企業の経営者は、ほとんどいないと思います。一方、事業再構築補助金の担当になった従業員としても、事業再構築補助金における「採択事例紹介の事業計画書の内容」まで、理解している人も多くないはずです。

　しかし、企業担当者をプロの専門家とみなしている取引先・地域住民などのステークホルダーは、世間では常識になっているSDGsやコーポレートガバナンス・コードを十分に理解していない専門家に対して納得しないと思います。

　そのためには、経営者と従業員の対話が必要であり、少なくとも、合議制である取締役会の開催と相互理解に通じる情報交換は、欠かせないと思います。

　「SDGsのNo.9の目標における細目の内容」について、中小企業の経営者として、指標（仮訳）の「全季節利用可能な道路の2Km圏内に住んでいる地方の人口の割合」「旅客と貨物量（交通手段別）」「GDPに占める製造業付加価値の割合及び一人当たり製造業付加価値」などをチェックしているでしょうか。やはり、目標と指標の間にあるターゲットの「9.1 すべての人々に〜」や「9.2 包摂的かつ〜」の内容を理解しておく必要があります。

ゴール9 強靱（レジリエント）なインフラ構築、包摂的かつ持続可能な産業化の促進及びイノベーションの推進を図る

Build resilient infrastructure, promote inclusive and sustainable industrialization and foster innovation

ターゲット	指標（仮訳）
9.1 すべての人々に安価で公平なアクセスに重点を置いた経済発展と人間の福祉を支援するために、地域・越境インフラを含む質の高い、信頼でき、持続可能かつ強靱（レジリエント）なインフラを開発する。 Develop quality, reliable, sustainable and resilient infrastructure, including regional and transborder infrastructure, to support economic development and human well-being, with a focus on affordable and equitable access for all	9.1.1 全季節利用可能な道路の2km圏内に住んでいる地方の人口の割合 Proportion of the rural population who live within 2 km of an all-season road 9.1.2 旅客と貨物量（交通手段別） Passenger and freight volumes, by mode of transport
9.2 包摂的かつ持続可能な産業化を促進し、2030年までに各国の状況に応じて雇用及びGDPに占める産業セクターの割合を大幅に増加させる。後発開発途上国については同割合を倍増させる。 Promote inclusive and sustainable industrialization and, by 2030, significantly raise industry's share of employment and gross domestic product, in line with national circumstances, and double its share in least developed countries	9.2.1 GDPに占める製造業付加価値の割合及び一人当たり製造業付加価値 Manufacturing value added as a proportion of GDP and per capita 9.2.2 全産業就業者数に占める製造業就業者数の割合 Manufacturing employment as a proportion of total employment
9.3 特に開発途上国における小規模の製造業その他の企業の、安価な資金貸付などの金融サービスやバリューチェーン及び市場への統合へのアクセスを拡大する。 Increase the access of small-scale industrial and other enterprises, in particular in developing countries, to financial services, including affordable credit, and their integration into value chains and markets	9.3.1 産業の合計付加価値のうち小規模産業の占める割合 Proportion of small-scale industries in total industry value added 9.3.2 ローン又は与信枠が設定された小規模製造業の割合 Proportion of small-scale industries with a loan or line of credit
9.4 2030年までに、資源利用効率の向上とクリーン技術及び環境に配慮した技術・産業プロセスの導入拡大を通じたインフラ改良や産業改善により、持続可能性を向上させる。すべての国々は各国の能力に応じた取組を行う。 By 2030, upgrade infrastructure and retrofit industries to make them sustainable, with increased resource-use efficiency and greater adoption of clean and environmentally sound technologies and industrial processes, with all countries taking action in accordance with their respective capabilities	9.4.1 付加価値の単位当たりのCO_2排出量 CO2 emission per unit of value added
9.5 2030年までにイノベーションを促進させることや100万人当たりの研究開発従事者数を大幅に増加させ、また官民研究開発の支出を拡大させるなど、開発途上国をはじめとするすべての国々の産業セクターにおける科学研究を促進し、技術能力を向上させる。 Enhance scientific research, upgrade the technological capabilities of industrial sectors in all countries, in particular developing countries, including, by 2030, encouraging innovation and substantially increasing the number of research and development workers per 1 million people and public and private research and development spending	9.5.1 GDPに占める研究開発への支出 Research and development expenditure as a proportion of GDP 9.5.2 100万人当たりの研究者（フルタイム相当） Researchers (in full-time equivalent) per million inhabitants
9.a アフリカ諸国、後発開発途上国、内陸開発途上国及び小島嶼開発途上国への金融・テクノロジー・技術の支援強化を通じて、開発途上国における持続可能かつ強靱（レジリエント）なインフラ開発を促進する。 Facilitate sustainable and resilient infrastructure development in developing countries through enhanced financial, technological and technical support to African countries, least developed countries, landlocked developing countries and small island developing States	9.a.1 インフラへの公的国際支援の総額（ODAその他公的フロー） Total official international support (official development assistance plus other official flows) to infrastructure

9.b 産業の多様化や商品への付加価値創造などに資する政策環境の確保などを通じて、開発途上国の国内における技術開発、研究及びイノベーションを支援する。 Support domestic technology development, research and innovation in developing countries, including by ensuring a conducive policy environment for, inter alia, industrial diversification and value addition to commodities	9.b.1 全付加価値における中位並びに先端テクノロジー産業の付加価値の割合 Proportion of medium and high-tech industry value added in total value added
9.c 後発開発途上国において情報通信技術へのアクセスを大幅に向上させ、2020年までに普遍的かつ安価なインターネットアクセスを提供できるよう図る。 Significantly increase access to information and communications technology and strive to provide universal and affordable access to the Internet in least developed countries by 2020	9.c.1 モバイルネットワークにアクセス可能な人口の割合（技術別） Proportion of population covered by a mobile network, by technology

　一方、自社の事業再構築補助金申請における、事業計画について、現場担当者などは、日々の日常業務において、事業再構築としてどのような活動を行えばよいか納得したいと思います。実際、取引先交渉や製造活動にいかに反映できるかも、知りたいと思います。

　以下の採択事例紹介「事業計画書」の冒頭の事業者をご覧ください。「十勝シティデザイン株式会社」は、事業計画名で「ワーケーション滞在向けのコワーキング機能付宿泊施設の開業」と記載され、その概要で、「首都圏企業等によるワーケーション滞在の新規獲得に特化したコワーキング機能付宿泊施設を開業し、法人との定額利用計画の獲得を目指す方法で新分野展開を行う」という事業計画を立てています。同社内の宿泊客担当者としては、「今後、いかなる研修を行うべきか、また、宿泊者にどんなサービスを提供するべきか、定額利用の新規宿泊者に対するセールス活動やサービス」などを、経営者から詳しく説明してもらいたいと思っているはずです。また、この「類型」の欄に書かれた新分野展開に対し、経営者は、どんな将来の見通しを持っているか、室内のリフォームや設備の追加投入などについても、現場の立場で、情報交換を行いたいと思っているはずです。

　最後の「行」に掲載されている「株式会社G-style」は、事業計画名で「BBQ（バーベキュー）への業態転換を行い、商品個包装パッケージ化に伴う受発注および在庫管理システムのIT化事業」と書いており、業態転換することを計画しています。具体的には、「従来のセントラルキッチンで製造した料理を"ケータリング"で店舗へ運ぶビジネスモデ

ルから、全て小分けした個包装で製造した"物販商品"への新たなビジネスモデルへの転換を行う」ことになっています。コロナ禍で、"ケータリング"から、BBQ（バーベキュー）形態で、すべて小分けした個包装で製造した"物販商品"への転換を目論んでいます。このことは、食材の仕入業務や小分けした個包装業務、オンライン受発注業務など新規業務となり、現場担当者や、管理担当者、営業担当者の仕事の内容は大きく変わるものと思われます。

　この業態転換について、現場担当者は経営者と情報交換を行いたいと思いますし、この業務が、コロナ禍のマーケットの大変化のなかで、堅調に推移するかなど、経営者の見通しを聞いて、現場担当者としては、意見交換を望んでいると思われます。

採択事例紹介「事業計画書」

採択案件のうち、公開に関してご協力が得られた事業者の事業計画の取組をご紹介します。

各企業の事業計画書は、下表の企業名をクリックしてください。

事業者名	類型	業種	事業計画名	事業計画の概要
十勝シティデザイン株式会社	新分野展開	宿泊業	ワーケーション滞在向けのコワーキング機能付宿泊施設の開業	首都圏企業等によるワーケーション滞在の新規獲得に特化したコワーキング機能付宿泊施設を開業し、法人との定額利用計画の獲得を目指す方法で新分野展開を行う。
株式会社八芳園	業態転換	その他生活関連サービス業	食・イベント分野のDX推進により総合プロデュース企業へ転換	既存事業の食とイベント分野をIT・IOT導入により高生産性事業に再構築し、次世代型イベントのデファクトスタンダードをつくる。
有限会社市場印刷	業態転換	映像・音声・文字情報制作業	画期的な画像提供システム構築による新たな広報支援事業	ドローン及び屋内外用VRカメラを活用した画期的な画像提供システムの構築を行う。非対面・非接触化等に寄与する新たな広報支援ツールの提供を行う。

ゲストハウスますきち	事業転換	宿泊業	民泊から旅館業への転換による、ビジネス・ファミリー層向けた新規プランの開設	地域密着の強みを生かした中期滞在プランと、新型コロナウイルス対応の強化により短期個室プランを経営の柱とする。
株式会社三本松茶屋	事業転換	飲食料品卸業	地域資源を活用した総菜製造のためのセントラルキッチン新設と食品製造卸売への事業転換	新たに調理加工設備を新設して地元素材を使用した冷凍調理食品の製造から卸販売及び通信販売を行う。
株式会社電材エンジニアリング	新分野展開	その他の事業サービス業	脱炭素社会を支える風力発電設備の運用管理・保守・技術者養成事業	設備の運搬・建設工事の実績を活かし、運用管理・保守・技術者養成サービスの提供を行う。
株式会社北岡本店	事業再編新分野展開	飲料・たばこ・飼料製造業	『業界初』死滅後も効果のある特許乳酸菌を使った健康志向飲料の開発と製造販売	完全無添加商品を小容量アルミ缶初充填ラインによる製造、健康志向者へSNS・HPを用いたマーケティングを行う。
株式会社中心屋	新分野展開	宿泊業，飲食サービス業	飲食店で培ったおもてなしの心とノウハウ活かす高齢者配食事業へ新展開	飲食店経営から、高齢者配食事業へ。今後拡大が予測される高齢者配食市場へ参入しV字回復を目指す。
株式会社M&Aナビ	業種転換	学術研究、専門・技術サービス業	オンラインで完結する事業承継およびM&Aプラットフォーム事業	事業承継問題を解決するM&Aプラットフォーム事業。M&AのプロセスをデジタルX化し、M&Aのコストを最小限にすることにより、誰でも事業承継、M&Aが可能なサービスを提供する。
株式会社G-style	業態転換	宿泊業，飲食サービス業	BBQ業態転換「商品個包装パッケージ化に伴う受発注および在庫管理システムのIT化事業」	従来のセントラルキッチンで製造した料理を「ケータリング」で店舗へ運ぶビジネスモデルから、全て小分した個包装で製造した「物販商品」への新たなビジネスモデルへの転換を行う。

経営者の意思決定事項は、経営者自身と役職員・従業員の共同作業になるものです。経営者は、外部・行政・金融・地域や内部の情報を広く考え、合議の下に意思決定を行い、役職員や従業員は各人の持ち場から企業全体を見て、合議を通して、意思決定事項を推進することです。事業再構築補助金申請は企業経営における重要案件であり、経営者と役職員・従業員の合議の場である取締役会を通して、意思決定を行うべきものと思います。

　そこで、本書では、取締役会について、第2章と第3章に詳しく掲載することにしました。

　第2章は、株式会社山田食品の事例を掲載しました。これは前掲の「採択事例紹介『事業計画書』」の株式会社三本松茶屋をモデルとした事例であり、「事業転換」について取締役会で、意思決定を行うプロセスを対話調にて述べました。
　第3章は、有限会社石田印刷の事例を掲載しました。これも、第2章と同じく、「採択事例紹介『事業計画書』」の有限会社市場印刷をモデルとした事例であり、「業態転換」における取締役会のプロセスを詳しく述べました。
　なお、この対話については、取締役会の内容をわかりやすく理解していただくために、架空の内容でまとめております。

取締役会の役割と「事業再構築補助金」申請の進め方〈事例1〉

1 株式会社山田食品の ビジネス背景

1 株式会社山田食品の近況

　当社は、栃木県日光市の観光物産販売の小売業でしたが、2020年以降の新型コロナウイルスの流行により観光客が激減し、今までの仕事内容を大きく変えなければなりませんでした。そこで、地域資源を活用した総菜製造のためのセントラルキッチンを新設して、地元素材を使用した冷凍調理食品の製造から卸販売および通信販売を行うことで、新たな市場を獲得し、観光客の激減で落ち込んだ観光物産販売などに代わる新たな収益の柱と雇用を生み出すことにしました。この事業転換を機に、社長を現社長の長男である現専務に交代することになりました。現社長はワンマン経営を続けていましたが、現専務は、デジタル化・DX化に注力し、会社の役職員や従業員の意見を尊重する方針に変えたいようです。

2 経営理念

　当社は、経営理念として「観光客の満足を目指し、良い商品の仕入と販売に努める」ということで、観光物産である土産品販売や軽い飲食店経営を路面店舗で行ってきました。今後は、卸販売や通信販売、規模を拡大したレストラン経営・セントラルキッチン運営に注力し、会社メンバーの求心力をアップするために、経営理念の変更を行うことになりました。これらの事業転換は、当社の経営にとって大きな方向転換になりますので、ワンマン経営者と言われていた現社長も、新経営理念につい

ては、皆で相談して、積極的に進めるように公言するようになってきました。

　そしてこの事業転換の機会に、現社長は、長男の現専務に事業承継を行い、会長になることも考え始めました。一方、新社長は、全役員が自分よりも年上であり、当社での職務経験も長いことから、取締役会の活性化やプロジェクトチームの組成なども考え、皆の意見をよく聞いて意思決定を行いたいと、仲間の取締役に漏らすようになっています。その他に、デジタルデータ化やDX化、グローバル化、またSDGsや環境問題を、経営にも盛り込むために、新しい経営理念について、腐心しています。

2 社長交代（事業承継）についての対話

　このような状況下、現社長とその長男である専務は以下のような話合いを行いました。

▶現社長（新会長）と現専務（新社長）の話合い

山田一郎現社長（新会長）：2020年以降の新型コロナウィルスの流行で、観光客が激減し、今までの仕事内容を大きく変えなければ、従業員の雇用も維持できない状況になってしまったことは、実に残念だ。当社としては、ウィズコロナやポストコロナの状況を見通して、経営の大改革を図らなければならないと思う。経営者として、もう少し早い段階で、いろいろと改革をしなければならなかったと思うけれども、やはり年を取ったせいか、決断が遅くなったのかもしれないね。

山田太郎専務（新社長）：しかし、コロナ禍では、経営者が悪いとは言えませんよ。業界でも、どこの企業も苦戦していますから、社長自身、それほど責任を感じなくともよいと思います。他の役員も、社長の経営に対して、批判などしていませんよ。

現社長：そうだけど、当社のこの苦戦のなか、役員が批判をしたり、意見を出さないまま、従来通りの動きを続けていることが、むしろ、大きな問題かもしれない。コロナが広がる前だったか、太郎は私に、いろいろ意見を言ってくれたことを覚えているよ。農業生産物などの調理加工を行うために新設備を投入し、地元食材を使用した冷凍調理食品の製造と卸販売を始め、確か、通信販売もスタートすべきだとも言っていたね。しかし、あの時は、私としては、その意見を重視しないままに、現状維持が良いと思って、聞き流してしまった記憶がある。

現専務：確かに、あのときは、私なりにいろいろ考えて、社長に申し上げたと思いますが、思い付きの点もありましたから、やむを得ないと思いました。その後も、他の役員たちと情報交換を行って、土産品販売店の飲食部門を拡充したり、レストランを開業すること、また、地元の他の飲食店の厨房部門をも請け負うこともお話しし、セントラルキッチンの新設も提案しました。社長は興味を持ってくれましたが、検討までには行きませんでした。あの頃は、社長の即断即決がいつも見事に当たっていたように思っていましたから、我々も特に、議論をしなかったと思います。

現社長：実はそれが、当社にとって大きな問題だったと最近感じているのだよ。商工会議所や業界の集まりに出ると、我々の世代の社長が第一線を退き、事業承継をしたり、M&Aや廃業などが多くなっているんだよね。太郎は、もう40歳になり、当社での経験も10年になったのだから、そろそろ社長を引き受けてもらいたいと思うんだ。仕事も慣れてきたし、新たな施策も提案してくれているのだから、ぜひ、引き受けてもらいたい。私もできるだけのことはして、頑張ってきたけれど、新規案件に対するチャレンジ精神も弱くなっている感じだし、

　　決断も遅くなって、結果的にはかなり保守的になってしまっている感
　　じなんだ。専務も、そう思っていたのではないかな。

現専務：いやいや、私としては、社長と同じような経営手腕はまだまだ
　　身についていないと思います。また、取引先との人脈もあまりありま
　　せん。何と言っても、即断即決の意思決定はとても社長の足下には及
　　びませんし、年上の先輩役員が私の意見を聞いてくれる自信もありま
　　せん。

現社長：随分、弱気なことを言うと思うけど、どうすれば、私の後の社
　　長を引き受けてくれるのかな。私から見れば、十分社長が務まると思
　　っているのだけどね。

現専務：そうですね。私としては、経験も人脈もありませんから、他の
　　役員の方と話合いをして、意思決定し、施策などの実践やそのモニタ
　　リングなども徹底してもらいたいと思います。現在は、社長のワンマ
　　ン体制が定着しており、社長の即断即決で、全役員が施策の実践を行
　　っているように見えますが、私には、とても社長のような動きは難し
　　いと思います。そうですね、……社長のいる間に、合議制の動きを当
　　社に浸透させてもらわない限り、私では社長は務まらないと思います。

現社長：なるほど、専務の言うことは、よくわかる気がする。実は、私
　　はデジタルデータ化の動きがわからないし、SDGsやESG、またグロ
　　ーバル化の動きにもなかなか付いていけないと思っているんだ。実は、
　　これらの新しい動きについては、皆とよく相談したいと思っていたの
　　だけれども、どうもワンマン経営的な動きが身について、多くの役職
　　員の方々と対話もできていなかったようだ。確かに、取締役会で皆の
　　意見も聞いていたとは言えなかったね。専務の言うこともよくわかっ
　　たので、これから、取締役会を開催し、合議制を定着することにしよ
　　う。

現専務：それは有難いことです。慣れない社長であっても、取締役会で、
　　先輩の役員の方から意見を聞いて、意思決定を行うことができれば、
　　私でも社長が勤まるかもしれません。それぞれの取締役が、取締役会

で決定した施策を、各現場で実践に移してくれるならば、全員参加の
モラールの高い経営ができるかもしれません。ぜひ、社長には、取締
役会の活性化や情報開示、対話やステークホルダーとの良好関係に方
向転換を図ってもらい、内部統制も定着することができれば、当社の
経営環境もかなり高まるものと思います。

現社長：よくわかりました。早速、当社に内部統制制度を導入し、取締
役会や情報開示、対話が励行できるようにしましょう。ということで、
取締役会などの内部統制が整えば、社長就任も可能ということだね。

現専務：そうですね。私としては、合議制と内部統制が当社に導入でき
るならば、むしろ、積極的に社長として頑張っていきたいと思います。
この変革は、長い間の社長中心の即断即決の意思決定を変更すること
になりますね。

現社長：今までは、私が行ってきた経営手法が当然のものと思ってきた
けれど、最近のデジタルデータ化、DX（デジタルトランスフォーメ
ーション）化やグローバル化、そしてSDGsの動きについては、社長
一人では手に負えないものになっている感じだね。意思決定前の情報
不足を痛感していたんだよ。その点からも、私の代で、合議制と内部
統制を進めて、専務に社長になってもらおうと思う。

現専務：デジタルデータ化、DX化については、その通りですが、私に
もその進歩は付いていけないことがあります。デジタル化とは、多く
の情報のうち、どの情報を無視するべきか、を決める段階になってい
るようにも感じます。

現社長：なるほど、そうなっているのかもしれないね。とにかく、まず
は株主総会を開いて、取締役会で、専務に代表取締役になってもらう
ことにしましょう。

現専務：そこまで社長が決断してくださるならば、私としては、全力で、
社長職を全うしたいと思います。社長交代の手続きについては、株主
総会で取締役を選任するというよりも、取締役会で、代表取締役を決
定することが重要になりますね。

現社長：その通りだね。当社の株式は、山田家が全株持っているし、半分以上は私が持っているから、株主総会で取締役を選ぶことはすぐにできると思うよ。取締役会で、役員の方々と意見交換をした後に決議をすることについては、専務が丁寧に説明することが必要になると思う。

現専務：そうですね。私としては、現在の取締役に協力してもらわなければ、とても当社の経営はできませんから、取締役会に出席される役員の皆様には、意見をお聞きして、納得してもらい、代表取締役になることの同意を得たいですね。

現社長：わかりました。では早速、株主総会を開催した後に、正式に取締役会を開くことにしましょう。株主総会では、現在の取締役や監査役のままで、決定したいと思うけど、専務は、それで異存はないね。

現専務：もちろん、了解です。その手順としては、株主総会を開いて、現在の役員を再任してから後に、取締役会で私が代表取締役に手を上げて、社長とともに、代表取締役になるということになりますね。

現社長：ということは、しばらくの間は、私が、代表取締役会長として、一緒に会社の経営をすると言うことになるね。しかし、この機会に、私はきっぱり代表取締役を辞めて、太郎社長に任せることにしたいね。確かに、私は長い間、社長をしてきたから、取引先や地域との関係を円滑に引き継ぐためには、代表取締役の2人体制も考えられるけれど、ここはすべて太郎新社長に任せ、私が責任を持って、引き継ぐことが良いと思う。

現専務：了解しました。まだまだ社長のバックアップがなければ不安ですが、ここは私が覚悟を決めて、社長を引き受けた方が、対外的にも対内的にも、良いかもしれませんね。

　早速株主総会を開き、社長（一郎）の後継者の方針や考え方を、他の家族株主に諮り、全員一致の賛成を得て、取締役会を開催することになりました。

3 第1回取締役会

山田一郎社長：最近のコロナ危機で、当社の業績も苦しい状況になって
います。いろいろと施策を講じてみましたが、どうにもこの流れをく
い止めることができず、抜本的な改革をしなければならないと思いま
した。

　まずは、私が社長を退いて、専務・本店長の長男の太郎に社長を譲
って、私が会長になりたいと考えました。もちろん、代表取締役を誰
にするかについては、皆様に話合いをしてもらって、決定することに
なりますが、本店長の専務が代表取締役になった場合は、皆さんの一
層のバックアップをお願いしたいと思っています。しばらくの間は、
私も代表取締役を続けたいと思いましたが、皆様も私も、背水の陣で
この窮境に臨んで、ここは、新社長に任せなければならないと考えま
した。おそらく、太郎専務も、新社長になれば、独自の構想で、会社
の事業内容を大きく変革してくれると思います。それから、新社長は、
孤独であり自信もなかなか持てないと思いますので、この取締役会を
活性化して、皆さんの意見を聞き、いわゆる「合議制」を取り入れて
いくことになるものと思われます。高橋専務、私の意見や方針につい
て、ご意見はございますか。

高橋専務：実は、社長が取締役会を開催すると聞いて驚いていたのです。
私が当社に入社してから30年以上になりますが、社長が、皆に意見
を聞きたいとおっしゃったのは、おそらく初めてではないかと思われ
ます。それから、社長が会長へ退くこと、次の社長は、本店長の太郎
さんがなられること、そして、これからの経営方針は、本店長のお考
えに従うということにも驚きました。新社長のご方針内容にもよりま

すが、普段から新社長とはよく意見交換をしていますので、私として
は、一郎社長のご意見については、全く異存はありません。しかし、
これら事業承継や新社長の人事については、一郎社長自身が、お一人
でお決めになり、皆への相談など、なさらないと思っていました。

鈴木常務：私も、本件については異存ありませんが、今後、皆で話し合
うことについては、少し不安があります。私ども取締役会に参加する
役員としては、会社経営について、あまり発言をすることもありませ
んでしたし、実務的に、社長の決定に対する参考資料の作成を行った
こともありませんでした。これからは、どんな準備をするべきか、心
配です。私の分掌は総務・人事、財務ですから、皆様に、試算表や資
金繰り表などを前もって送付しなければならないと思いますが、その
他に、何か用意しなければとも、思いますがいかがでしょうか。

佐藤常務：私も一郎社長のご意見に異存はありません。今後は、新社長
の下で、取締役会を開催することになりますので、できるだけご協力
したいと思いますが、鈴木常務と同様に私も、事前資料の配付を行う
ことについては心配ですね。私の分掌は営業担当ですから、毎月の売
上や仕入また在庫の動きについて、報告することでよろしいでしょう
か。

金子常務：私も社長のご意見に賛成です。私の分掌は製造、飲食、運送
部門ですから、月1回行われる取締役会では、数値報告以外にトピッ
クの内容を報告することになるのでしょうか。

山田太郎専務：近頃、父である社長と、これからの当社の方針の話をし
ていましたが、本日、このような形で、皆様に発表されることになる
と、改めて、身が引き締まる思いがします。私としては、当社の小売
・飲食業務を飲食料品卸と製造を加えた業務に転換して、業容も拡大
していきたいと思っていました。一部の役員の方々と意見交換をして
はいましたが、もし本日の取締役会で、私が代表取締役社長に選出さ
れた場合には、早急に取締役会を開催して、今後の私の方針を詳しく
お諮りしたいと思います。

山田一郎社長：急な取締役会になりましたが、私の提案した「山田太郎専務を新しい代表取締役社長に選定すること」の議案については、ご賛同を得ることができますでしょうか。皆さん、挙手をお願いできますか。（全員挙手）

　では、この議案は満場一致で賛成していただいたということでよろしいですね。ありがとうございます。

高橋専務：異議はございません。よろしくお願いします。

山田一郎新会長：では、この場を借りて、私の退任の挨拶と、山田太郎専務の新社長の挨拶をいたしましょう。実は、最近の業績不振については、コロナ危機を理由に、「同業者も苦戦しているから、もう少し、皆で頑張ろう」と言うことはできたかもしれませんが、最近、経営者自身として、大きな発想の転換をしなければならないと思うようになりました。例えば、コロナ禍対策としてのテレワークやデジタルデータ化、行政や金融機関また仕入先から要請される「SDGs」や環境問題、また、中小企業自体の生産性の向上や働き方改革などについては、年齢のせいか、概念は理解しても、どうしても腹落ちできず、日々の行動に落とし込むことまではできなくなっています。特に、デジタル面については、かつてのようにデジタル機器のマニュアルもなく、トライ＆エラーで習得をしなければならず、大きなギャップを感じていました。とは言っても、経験や人脈などは高齢の私の財産と思っていますので、会長として、皆様にお役に立つように、まだまだ努めていきたいと思っています。これからもよろしくお願いします。

山田太郎新社長：私は、皆様から見れば若輩者ですが、この度は、代表取締役に選任され、恐縮すると同時に大きな責任を感じています。先ほど、前社長は、デジタルデータ化や「SDGs」「環境問題」、また「生産性の向上」「働き方改革」などに抵抗を感じるとおっしゃっていましたが、実は、私としても、これらに対しては、一人ではとても理解をして腹に落ちる内容ではないと思っています。多くの方々が、いろいろな方面からの情報と、各人の経験やポストにおけるアンテナ、ま

た皆様の知恵や知識によって収集したものを、情報提供してもらい相互に意見交換しながら分析してはじめて役立つものになると思っています。これからは、社内や地域の中での対話や合議が経営には大切になると思っており、皆様には、取締役会を中心に、種々の情報や知識、また知恵を若輩の私にご提供していただきたいと思っています。私としても、至らない点は多々ありますが、何とか経営者として自立をして、皆様のご支援にお応えするように努めたいと思っています。

　さて、これからの取締役会につきましては、原則として、前月の業績が固まる25日から月末の間に、毎月、行うことにしたいと思いますが、よろしいでしょうか。（全員承諾）

　では、今日の取締役会は終了しますが、久保総務課長、本日の取締役会の議事録を作成して、皆さんに回覧し、承認をもらっておいてください。

久保総務課長：わかりました。これからは、取締役会の議事録を作成し、参加役員の閲覧印をいただくことにします。また、総務部にて保管もしておきます。

山田一郎新会長：それから、吉田監査役にも、一言、いただきたいと思います。

吉田監査役：私としては、今回の取締役会の開催は、とても意義深いものに思っています。山田一郎前社長は、実力と経験をお持ちですので、ワンマン経営ができると思っていました。しかし現在は、スピードの伴う情報化社会になっていますから、経営の意思決定は、皆で情報収集・分析を行い、相互に意見を出し合う合議制が必要だと思っていました。また、最近のデジタルデータ化、SDGsの流れや環境問題などと調和する経営は、合議制以外にはできないとも思っていました。確かに、前社長の経験や人脈の厚さに比べれば、新社長には、相当頑張ってもらわなければならないと思いますが、一方では、新社長の意思決定を補完する取締役会が、新社長への大きな味方になると思います。新社長は、次回の取締役会で、今後の方針・考え方などを発表し、皆

43

様と協議を行うことになりますが、今後とも、取締役会などで大いに合議制のメリットを生かしていただきたいと思います。次回の取締役会を楽しみにしております。

4 取締役・監査役のプロフィール

　株式会社山田食品の社長交代・事業承継から新社長による（月例）取締役会のスタートについて紹介してきましたが、今後については、当社の事業についての報告・協議・意思決定を行う取締役会の動向について述べていきます。

　そこで、取締役会参加者のバックグラウンドを紹介し、当社経営に関する理解を深めていただくことにしたいと思います。

　以下に、当社役員のプロフィールを紹介します。

山田一郎会長（前社長）

1950年生まれ。

東京の私立大学卒業後、東京郊外の食品製造業に就職。サラリーマン生活は無難に過ごし、部長職を最後に、40歳で円満退職して、現在の会社を故郷の栃木県日光市に設立。バブル崩壊、リーマンショック、東日本大震災、コロナ禍の経営面の苦境を乗り越えて、現在に至る。

ごく一般的なワンマン経営者であり、経営面の意思決定は、ほとんど自分一人で決め、取引先・仕入先・業界の情報収集や交渉な

どの外部折衝は専管し、夜の接待なども積極的にこなしてきた。70歳を超え、コロナ禍で売上の低下や、デジタル化・SDGs・環境問題など、経営のスピード化・グローバル化に直面し、事業を長男の太郎に継承する決断をした。

高橋専務

1951年生まれ。

山田一郎会長の高校のサッカー部の1年後輩。高校卒業後に地元金融機関に就職し、支店の融資課長を最後に41歳で退職し、当社に就職。

当社では、総務・財務を担当し、役員になってからは、営業本部長として、まさに山田会長の右腕となって活躍。

社内では、山田会長が攻めをリードし、高橋専務が内部管理の中心として、役職員の良き相談相手となっている。

鈴木常務

1965年生まれ。大学卒業後、税理士試験を目指し、地元の税理士事務所に入所、実務をこなしながら試験勉強をしていた。

35歳の時、山田一郎社長と高橋専務に、実務家としての実力を認められ、取締役財務部長として勧誘され、当社に入社。

その後の仕事ぶりを評価され、現在、常務取締役管理本部長として、総務、人事、財務、事務部門を担当。

佐藤常務

1970年生まれ。

地元の大学を卒業後、東京の食品商社に勤務し当社担当になり、山田一郎社長にその営業力を認められた。40歳で退職し、当社の営業部長として入社し、5年後に取締役営業本部長兼本店長に就任。

その3年後に常務取締役になり、このときに、当時の山田太郎専務に本店長の業務を引き継ぐ。デジタルデータ面に長け、営業部門のデジタル化を推進。

金子常務

1968年生まれ。

山田一郎会長と高橋専務の高校のサッカー部の後輩で、地元の大学を卒業後、直ちに当社に入社。

新入社員として、山田一郎会長や高橋専務の部下として指導を受け、営業部門、財務部門の各課長を経験後、製造・レストラン部門で取締役製造部長に就任し、47歳で取締役、50歳で常務取締役に就任。

現在は、製造、食品、運送部門を統括し、製造本部長のポストについているが、山田一郎会長の個人的な管理も引き受けている。

山田太郎新社長

1980年生まれ。

東京の大学を卒業後、大手総合商社に就職したが、ベンチャー業務を志向して30歳で退職し、当社に入社。

当初2年間は営業担当として、佐藤常務の指導を受け、次に鈴木常務から3年間管理部門の指導を受け、35歳で取締役に就任。3年後に常務となって東京本店長の業務も引き受けることになった。その2年後に40歳で専務に就任。

吉田監査役

1950年生まれ。当社の顧問弁護士事務所の元パートナーで、66歳で弁護士事務所退職後に監査役に就任。弁護士事務所では、企業法務を担当していた。

5 第2回取締役会

1 取締役会の再スタートに対する役員の意見

山田太郎社長：これから、取締役会を始めます。私が社長になって初め
　ての取締役会になりますが、どうぞよろしくお願いします。皆様から
　新社長に選任いただき、今後の当社のあり方また進み方を改めていろ
　いろ考えました。本日は、その私の考え方に対して、皆様のご意見を
　頂戴したいと思っています。

高橋専務：私どもも、新社長に付いていきたいと思いますので、よろし
　くお願いいたします。今までも、個々の事業や案件に対して、新社長
　と意見交換をしてきましたが、これからは、当社全体を視野に入れて、
　より広い見方で、話合いをしていきたいと思います。

山田太郎社長：これからは、デジタル化を進め、会社の関係者や地域と
　ともに繁栄することが重要であると思いますので、皆様には、大いに
　情報を集め、ご経験を生かしたご意見で、会社の意思決定への参画を
　お願いしたいと思います。確かに、高橋専務のおっしゃる広い視野に
　ついては、私も気をつけたいと思っていますが、良いアイデアは思い
　付きからも生じますから、やはりざっくばらんのご発言も歓迎します。

山田一郎会長：新社長の方針は、私のやり方と異なるかもしれません。
　実は私も、最近のデジタル化やステークホルダー重視経営の下、合議
　制に切り替えたいと思ってはいましたが、なかなか自分のやり方は変
　更できないものです。変化のスピードが激しい時代、経営の意思決定
　を行うことは、スピード感をもって多くの情報を吸収し、また、皆様
　の意見を聞くことが大切であると思いながらも、やはり、20年以上

続けてきた、いわゆるワンマン経営のやり方は変えにくいものです。

　新社長とは、今後の当社のあり方について何回か議論をしましたが、やはり、デジタル力やデータ収集力で集めた情報量には、一目置かなければならないことがありました。私としては、経験や人脈には自信を持っていましたが、その経験も役立たなくなることも多くなりました。その人脈も高齢となって第一線を退いた経営者仲間も増えており、徐々に通用しなくなって来ました。とにかく、私の口から言うのもおかしいかもしれませんが、新社長の当社に対するこれからの考え方は、評価できる点もありますので、ぜひとも、忌憚のないご意見をお願いします。

鈴木常務：新会長の今までのご決断は、納得性や説得力のあるもので、我々も安心して付いて来れました。特に、他社との競争については、業界や景気動向を踏まえたご指示であり、自分たちの視野の狭さに気付かされることも多々ありました。社内の各部署を管理していると、どうしても内部志向になり、自分たちの仕事の領域に固執してしまいますが、その私どもの考え方を、新会長に軌道修正してもらいました。今から思えば、いろいろなケースが頭に浮かびます。

　新社長にも、新会長のような動きをお願いしたいと思っています。ただし、私どもの方が、新社長よりも実務面における業務経験が長いですので、その点については、何でも聞いてください。とにかく、新社長のお考えをお聞きした後に、自分たちの実務経験を踏まえた意見を出していきたいと思います。

佐藤常務：そうですね。今までは、新会長のご方針を、私どもで実務に落とし込んで、具現化することに注力してきたように思います。時には、新会長のご方針を各部署の業務に上手く落とし込むことができず、実務面まで踏み込んだご指導を受けることや、常務間で話し合って対応することもありました。ここにいる役員は、鈴木常務の言うとおり、新社長よりは年齢的に先輩になり、実務経験は長いので、過去の情報についてはお役に立つことがあると思います。

　しかし、現在のように変化の激しい時代では、その過去情報が足か
せになるかもしれません。私どもも、現在の変化を念頭に置いて、情
報を収集・吟味して意見を述べていきたいと思っています。確か、取
締役会は、報告、協議、決定、監視、などを行うことと聞いています
ので、私どもも、自分の意見を持って、積極的に発言できるようにし
たいと思います。

金子常務：私としては、会長や高橋専務から、仕事のイロハを教えても
らいましたが、まだまだ、ご指導をお願いしたいと思っています。こ
れからは、新社長にご協力しながら、いろいろと、先輩方へのご恩返
しをしたいと思っています。役員の中では、私が新社長と2番目に年
が近いですし、私が担当している製造部門や運送部門については、デ
ジタルデータ化が急速に進んでいますので、新社長には、大いに情報
提供や話合いを行いたいと思っています。特に、私どものメンバーに
は、クラウドの技術に長けた者もおりますので、釈迦に説法かもしれ
ませんが、その新しい動きを皆様にお知らせしたいと思っています。

2　経営理念の変更

山田太郎社長：皆様には、暖かいご声援をいただき、ありがとうござい
ます。では、私の今後の当社に対する考え方を述べていきたいと思い
ます。

　まず、会社の経営理念ですが、今までは「お客様のニーズに応え、
皆の幸せを目指すトップ企業になろう」ということでしたが、これか
らは、「お客様や地域の真のニーズを追求し、高いビジネススキルや
情報を提供できる企業になろう」ということにしたいと思います。仕
事の対象をお客様からお客様を含めた地域に広げ、当社が提供するサ
ービスを、技術・スキル・情報と明確にしたいと思います。

　具体的な業務内容としては、小売主体から卸売に変更し、食品部門
も拡充していき、商圏も全県ベースにまで拡げていくことにしたいと

思います。今までは、コロナ禍で販売が伸びず、苦戦して来ましたが、お客様の真のニーズは、地域の食材を楽しみながら、常に新しい出会いと発見があることを求めているように感じています。また、当社は、日本でも有数の観光地である日光に位置しており、観光客は全国、さらには全世界ベースであり、最先端のビジネススキルや情報が欠かせないと思います。お客様には、最高の楽しみ方などを提供することが必要だと思いました。

高橋専務：なるほど、おっしゃることはよくわかりますが、今までの商売のやり方と大分違うことになりますね。当社の従業員が付いていけるか、ちょっと心配ですね。また、商圏を拡大することについては、設備投資や人材投資も増えることで、コロナ禍を経験した我々にとって、少しリスクが大きいようにも思いますが。

佐藤常務：そうですね。しかし、我々営業担当から見ますと、お客様のニーズが、かなり変化していることも感じます。新社長のおっしゃることは、よくわかります。お客様は、日光以外にも観光に出かけており、日光産の土産物に対して、別の観光地の土産物と厳しい目で比較を行っています。また、土産物ばかりではなく、新しい地域の情報も求めていますし、新サービスとして、地域の人たちとの人間関係も期待しているようです。そのためには、他の観光地との比較も考え、当社の優位性を見つけ出すことも大切であると思いますし、規模を拡大して、多くのお客様に喜ばれる土産物の品揃えを行うことも、重要だと思います。

金子常務：私も、飲食部門を担当して、もう少し、人間関係を深めるやり方が必要であると思っていました。日光の場合は、東京近隣の観光客が多く、リピーター比率も高いはずです。グループでの観光も多いようです。これらのニーズに応えるような施策、例えば、都会に住む人々、若者や家族のグループなどに人気のあるバーベキュー施設の新設も、必要かもしれませんね。ただし、この施設については当地では競争相手も多いことから、何らかの工夫を行わなければなりませんが。

鈴木常務：確かに、コロナ禍においては、観光客が急減しましたが、ポストコロナでは、漸増することは間違いないと思います。実は、業界の集まりに出席しますと、かなりのお土産販売店や食堂などの廃業・倒産がありますが、これらの施設のお客様が当社に流れてくるとも思われます。また、食堂・レストランの中には、厨房機能を縮小して、アウトソーシング（委託）を検討しているところも多くなっています。これらのニーズを捉えれば、かなりの飲食関連のニーズが見込めますから、セントラルキッチンの業務も成り立つように思われます。当社の場合は、奥日光支店の飲食部分の料理は、本店で下ごしらえをしていましたから、セントラルキッチンのノウハウ・スキルはありますので、検討の余地は十分あると思います。

山田太郎社長：私は、これからの経営理念について、「お客様や地域の真のニーズを追求し、高いビジネススキルや情報を提供できる企業になろう」と、皆様に申し上げましたが、そのことだけでも、多くの役員の方から建設的なご意見や情報をいただきました。有難いことですが、さらに、私としてはいろいろと調べなければならないと思っています。

　小売業から卸売業への転換については、商圏の拡大が必須ですので、行政機関や金融機関また、コンサルティング会社などの市場調査を行わなければならないと思っています。私の方向性について皆様からご賛同を得られれば、至急、マーケット調査をしたいと思います。また、鈴木常務のおっしゃるとおり、コロナ禍で、かなりの食堂やレストランが廃業・倒産となったようですが、同様に、お土産販売店や一般の小売店も営業形態を縮小しているところも多いはずです。レストラン等を含めて、個別に調査する必要がありますね。

　さらに、食堂の形態ですが、厨房機能を縮小して、アウトソーシングを検討している先には、セントラルキッチンの業務へのニーズもありますね。また、金子常務がおっしゃった通り、東京近隣の観光客などのリピートニーズを捉えたり、若者や家族のグループ観光客の需要

吸収のためにも、バーベキュー施設の新設は必要かもしれません。

　私としては、具体的に事業転換の腹案を持っていましたが、そこで、困ったことは、資金調達の具体策です。この点については、鈴木常務の分掌になりますが、このように、業務活動が変更となった場合は、従来の態勢では、処理できなくなるかもしれません。同時に、業界調査や地域調査については、佐藤常務や金子常務が管理するネットワークなどに関連しますが、この点も、仕事の内容やその割り振りを検討しなければなりませんね。

吉田監査役：私としては、今回の第2回取締役会について、新しい気付きがありました。監査役としては、取締役の皆さんの活動をフォローするために、今までは、営業会議や製造会議などという、皆様が主催する会議に出席させてもらっていましたが、その会議は各メンバーの前月の活動報告や今後の行動予定が中心であって、それぞれの日常業務の範囲を出るものではなく、会社全体の経営に関する話など、あまり聞かれませんでした。しかし、今日の取締役会については、各取締役の皆さんが、経営に関していろいろな意見を述べられ、その問題意識が高いことが改めてよくわかりました。

　私としては、取締役会は、参加役員が常日頃抱いている、当社全体やステークホルダーの領域まで展望し、長期的な視野で議論を行ってもらいたいと思っています。そのためには、日常業務や通常業務に関しては、デジタルデータを活用して、定型資料を作成し、大きな変動がある分野に限って報告し、軽く情報交換を行い、テーマを決めたら、その案件について突っ込んだ意見交換や協議を行って、決裁まで行うことにしては、いかがでしょうか。

　それから、決裁事項や努力指針などについては、モニタリングや事後フォロー、すなわち監視も欠かせないと思います。また、本日のように大きなテーマの場合は、営業面、管理面、組織体制面などに分けて、皆様で丁寧に協議することが大切ですが、とにかく、このような取締役会は、今後、持続することが重要であると思います。また、監

査役としても、取締役会に参加することで、監査役の報告要求・調査また違法行為阻止などの役割をより一層果たすことができ、有難いことです。

山田一郎会長：なるほど、吉田監査役のおっしゃる通りだと思います。私の時にはできませんでしたが、新社長にとっては、このような取締役会が実に意義深い会議に思われます。ぜひ、毎月続けていただきたいものです。

高橋専務：私も、同感です。皆様のご意見はとても貴重であり、大切なことです。新社長の経営理念にも賛成しますし、それぞれの常務さんのご意見も、もっともであると思いました。皆さんのマクロ的なご意見をもう少し詳しくお聞きしたいところですが、このような意見を集約して、新社長に、今後の当社の方向性を、再度、ご説明いただきたいものです。そのためには、新方針に対する組織変更も必要であるとも思いますが、いかがでしょうか。

3 取締役会における各取締役の発言・資料配布手順について（前段の吉田監査役の提案を受けて）

山田太郎社長：種々のご意見をいただき、ありがとうございます。山田会長のやり方は、いろいろな情報を皆様や業界、行政機関、金融機関などから広く集め、自分や先輩の経営を踏まえてじっくり考え、経営判断を行っていました。その判断は、的を射ており皆様からの信頼も高いものであったと思います。

　私としては、専務や、その前の常務・役員として一緒に仕事をしてきましたが、会長のやり方で当社を盛り上げ、成長させることは、私にはとてもできないと思っています。やはり皆様の力を借りて、チームワークで経営をしていきたいと思います。会長にも、常日頃から、その意向を伝えていましたが、すべては皆様のご支援がなければ成り立たないことです。とても不安に思っていましたが、今回の取締役会

で、少し光が見えてきたように思われました。つきましては、今後、月1回定例の取締役会を催し、皆様のご意見をお聞きしながら、合議制の取締役会を経営活動の中心にして、やっていきたいと思います。

鈴木常務：私どもも、取締役会については疑心暗鬼のところがありましたが、この2回の取締役会で何となくイメージができてきた感じです。確かに、吉田監査役のおっしゃった取締役会の手順として、「デジタルデータを活用した報告、協議、決裁、そして監視の進行」は重要であり、我々も意見を出しやすいと思いました。

佐藤常務：そうですね。我々営業部門は、数値を中心に動いていますから、デジタルデータ化で作成した対比表に沿った発言が求められます。前期・前年比・同業者比・目標比は必須であり、仕入先、商品別、地域別などの対比も必要ですが、その数値の中で大きな変動について、絞り込んで発言したいと思います。また、この大きな変動は、皆様からのご意見を聞きたい点でもありますので、よろしくお願いします。

　とにかく、実績数値は、一覧表にすることがわかりやすいし、耳で数値を聞くよりも目で見る方が理解しやすいものですから、これらの数値の差異や異常値などについては、私どもとしても短時間に絞って発言することにしたいと思います。取締役会は全社ベースの意思決定を行う会議ですから、デジタルデータ化した対比表に沿った報告をベースにしたいと思います。

金子常務：私も吉田監査役や佐藤常務のおっしゃった取締役会運営方式に賛成です。私の分掌である製造部門、飲食部門、運送部門についても、前月実績や目標までの進捗状況は、デジタルデータ化した数値表を作成して、簡単に報告したいと思います。ただし、数値に表しにくい、運営方針・対策変更などについては、どうしても説明に時間がかかってしまいますので、これからは、議案の提出背景や、当社全体への影響、また、自分たちの意見を箇条書きにして、取締役会の前に各部署にメールを送っておきたいと思います。情報管理に問題がある案件や緊急案件は、臨機応変の対応が必要と思いますが、この事前配布

により、取締役会の意見が深まるとも思います。

鈴木常務：私の分掌である総務、人事、財務の各部門は、社内における
情報管理面で、注意しなければなりませんが、イベントの予算・結果
報告、本社関連の設備投資案件、また、人件費推移、採用案件、そし
て大雑把な資金動向などは、関係部署に事前配布ができると思います。
計数の一覧表も、コスト面ならば、事前配布は可能だと思います。

　ということは、取締役会前に、営業、製造、運送、総務・人事・財
務の主要計数の配布を行い、協議案件については、そのテーマや討議
内容を事前配布できるということですね。そうであるならば、取締役
会の2〜3日前に各部署から資料をいただければ、総務部として「取
締役会資料」を作成したいと思いますが。

高橋専務：それは、良いアイデアだと思います。役員としても、事前に
簡単な「取締役会資料」をいただけるならば、会社全体のことやステ
ークホルダーのことも考えることができ、取締役会の協議も深まると
思います。

山田太郎社長：全くその通りだと思います。総務部にはお手数をかけま
すが、ぜひお願いします。当社は大企業とは言えませんが、取締役会
については会社法にも明記されていますので、この取締役会を活性化
し、実効性のある合議にして、意思決定を透明性のある納得できるも
のにしていきたいと思っています。よろしくお願いします。

4　DX化、デジタルデータ化に対する組織・体制の変更

金子常務：取締役会の活性化については、我々役員として、各部署の実
績を数値化、一覧表化して、計数面の課題などを報告することにした
いと思います。協議案件についても、提案部署が簡単な資料作成を行
うことにします。しかし、目下、新社長が作成している経営理念につ
いては、各役員としても、管轄している各部署で調査活動や現状分析
を行い、社長に情報提供を行わなければならないと思います。

新社長からは、「お客様や地域の真のニーズを追求し、高いビジネススキルや情報を提供できる企業になろう」という経営理念案・方針案をいただきましたが、私どもとしても、次の取締役会までに、具体的なビジネスモデル案を作成し、社内の組織改編の方向性なども提案するべきではないかと思います。少なくとも、社長の経営理念・方針の作成支援チームを至急組成しなければならないと考えますが、いかがでしょうか。

山田太郎社長：その通りですね。私も腹案はありますが、皆様のご意見を加味しますと、かなりの力仕事になると思います。例えば、小売業から卸売業への転換については、早急に市場調査を行い、外部データも加味しながら資料作成が必要ですね。仮に、将来有望なマーケットがあったとしても、そのマーケットを開拓・深耕する当社の人材がいて、いかにその営業体制を組むことができるかも考えなければなりません。まして、今までは、コロナ禍によって、土産物の小売店や卸売業また食堂・レストランについては、大幅な需要減で廃業・倒産が増加し、我々の親密先企業もかなり弱っているかもしれません。

　また、食堂の営業実態を調査して、厨房機能の縮小やアウトソーシングが進んでいたとしても、個別食堂やレストランごとに、リストアップして、実態把握を行わなければなりませんね。

　さらに、工場のラインでは、食材の購入や加工作業を踏まえて、機械の導入や修理の検討を行うことが必要であり、セントラルキッチンに関する新設機器の設置や人材投入についても、経営資源の活用の資料化が必要になります。同時に、資金調達計画も立てる必要があります。このような計画は、長期施策であり、資金調達も長期借入れや増資などによることになり、一般的には担保の提供やしっかりした経営改善計画が欠かせなくなります。

　このように、当面の調査活動や人繰り計画、設備導入計画をイメージするだけでも、かなりの作業負担になります。そして、これらの調査やシミュレーションを行い、円滑に進めるために組織改編を行うだ

けでも、かなりの体力が必要になります。現在の業務を回すだけでも、各部署の皆さんはフル稼働していると思いますが、さらに、私が考える経営理念・方針の新規導入については、大きな負担が生じると思います。

山田一郎会長：確かに、私も社長時代には、やるべきことがあまりにも多く、ウンザリしたものです。その時は、やらなければならないことを紙に書きだして、頭を整理していたね。そして、皆に案件を投げていたと思うけれど、その時には、結論じみたことを言ってしまった気がします。これが、即断即決と言われることかもしれませんね。確かに熟慮や熟考していたとは言えなかったかもしれません。もっと皆様に、じっくり考えてもらうべきだったかもしれないね。

山田太郎社長：その通りですが、私どもでは、その即断即決ができないもどかしさもありました。ただ、時間がある時には私たちにも、もう少し考える時間が欲しかったな、と、感じることもありました。ということではありませんが、鈴木常務、佐藤常務、金子常務には、新しい発想でご協力をお願いしたいと思います。デジタルデータのスキルを持った課長か係長を私が行っている新経営理念策定の支援組織・プロジェクトチームに推薦していただけませんか。それから、この取締役会の庶務事項や書記を行ってくれている久保総務課長にも参加してもらいたいですね。このプロジェクトチームは、私と3人の常務また久保課長の5人で立ち上げ、その後、各部門のメンバー1人を加えて、8人でスタートしたいと思いますが、いかがでしょうか。

高橋専務：そのプロジェクトチームとは、新しい発想ですね。それは、良いアイデアかもしれません。

山田太郎社長：実は、私としては、このプロジェクトチームの延長線上に、当社の新しい組織をイメージしているのです。かつては、経営理念は5年や10年と長期間、会社が進むべき基本方針として見られていましたが、最近は、外部環境が急変するのが当然であり、働き方改革や人材の入れ替わりで内部環境も変わることから、経営理念も変化す

ると、見られています。

　さらに、デジタルデータ化による変化にSDGsや環境問題などの動きも加わり、経営理念や内部統制も実態に即した柔軟なものとして捉えられています。私も、特に経営理念については同様に考えています。したがって、この経営理念については、できればプロジェクトチームを作り、外部環境に沿って、内部環境にも柔軟に対応できる理念にしたいと思っています。そのためにも、このプロジェクトチームには、デジタルデータ化のスキルを持った中間管理職に入ってもらい、それぞれの部署の業務推進や事務管理のデジタル化を進め、各部署のリーダーが企業全体の経営理念・方針に沿って連携することを目指してもらいたいと思っています。現状の組織であれば、管理・営業・製造の各部門がより密接に連携することになります。あるいは、新しい経営理念に沿った組織体制を新たに構築することも考えられます。このような動きの中から、私の経営理念が実現できれば、直ちに実務に結びついた当社の組織が稼働できるものと思っているのです。

高橋専務：なるほど、経営理念と内部統制についての考え方は、その通りだと思います。私としては、この支援体制は新社長にお任せすることでよろしいと思います。経営理念や新方針の決定までに、あまり時間をかけることはできませんから、早速、各常務は人選をしてはいかがでしょうか。私ども取締役会メンバーも、そのプロジェクトの進捗状況をよく見ながら、必要があれば、専務・常務で集まって議論を深めることも一策と思います。次回の取締役会では、この動きに沿って新社長の経営理念を固めることが良いと思います。

山田太郎社長：それは有難いことです。では、次回の取締役会は、「デジタルデータを活用した、報告、協議、決裁、監視の進行」と、私の方針やビジネスモデルの議案とその決裁を行いたいと思います。忙しくなりますが、よろしくお願いします。

6 第3回取締役会

1 前月（前回の取締役会）以降の実績報告

山田太郎社長：では、取締役会を開催しますが、今後は、月1回、前月の計数が整う月末近くに定例で取締役会を開きたいと思います。今回は、大きな議案がありますが、まずは、報告、協議、決裁、監視の順番に進行していきたいと思います。その後に、今後の当社のビジネスモデルと、組織改編の議案の協議に入りたいと思います。では、当社の全体の計数について、高橋専務から、ご報告をお願いします。

高橋専務：今までは、山田会長が攻めをリードし、私が、主に内部管理を中心に行ってきましたが、これからは、攻めと守り、すなわち、外部営業と内部管理を私が太郎社長の補佐として俯瞰して見ていくことになりました。

　（当社の総売上と粗利、営業利益などの各利益の前期比、目標比とその大きな変化を述べる）

　以上が、前月の損益の概要ですが、やはり、売上と費用については、コロナ禍で好調とは言えませんが、前年に比べれば、少し戻りつつあるとも思います。同業他社なども想定範囲内ですが、このままでは、どうしてもジリ貧傾向になってしまいますが、これに対しては、目下、抜本的な対策を新社長とともに講じることになっています。その話の前に、佐藤常務から、前月の営業部門のもう少し詳しい報告をお願いします。

佐藤常務：では、前月の売上などの計数報告をいたします。売上、利益とも、前期比は伸びていますが、同業者も同様に好調になっています。

目標には、もう少しのところですが、コロナが収まっていくならば、徐々に上伸していくものと思います。

　今回から、いつも営業本部内で行っていた営業部門の計画と実績の数値を、地域別、商品・サービス別、仕入先別に分けて、一覧表にしました。その予算と実績の大きな差異について、申し上げます。

　まず、地域については、宇都宮地区の販売が伸びていますが、これは、栃木介護センターからの大口注文で伸びたからです。商品・サービス別では、饅頭の販売が大きく落ち込んでいますが、観光客の大幅低下とその回復の遅れによるものであり、取引先の廃業も原因になっています。仕入先別としては、安田食品からのレトルトカレーが増加しています。また、今まで好調であった宇都宮餃子の扱い店舗でも、閉店が何軒か出ています。コロナ禍に耐えられなかったものと思われます。以上です。

高橋専務：売上について、2つ、お聞きしたいことがあります。栃木介護センターからの大口注文ということですが、この大口注文は今後も続いていきますか。また、安田食品のレトルトカレーの仕入増加について、おそらく、巣ごもり需要によるものと思いますが、その他に仕入増加している食品はあるか、教えてください。やはり、大口販売先や仕入に関しては、役員としては、情報を共有したいと思います。

佐藤常務：栃木介護センターの点は、営業の中田君の努力もありますが、このセンターの食材仕入の当社への集中が大きいものと思います。他の医療・介護施設等の同様な需要も注意していきます。また、レトルト食品の需要も増加していますので、他社の動きと安田食品の仕入ルートのフォローも行って、商売チャンスを見つけていきたいと思います。

山田太郎社長：コロナ禍で市場は大きく動いていますので、佐藤常務、引き続き、よく見ておいてください。では、製造・食品本部の金子常務、お願いします。

金子常務：私ども製造・食品本部もパソコンによるデジタル化を進めて

いますので、営業本部と同様に、前期比や目標比に関するデータ報告は定着しています。また、同業者の池田食品・田宮食品販売の製造部門との計数交換も3か月に1回ベースで行い、他社比較も実施しています。コロナ禍で全体の販売量が落ち込んでいますので、従来の主力商品の生産量は低下していますが、逆に、冷凍食品の販売は堅調です。当社としては、これらの冷凍食品やレトルト食品に対する設備投資を急げば、売上はもう少しアップできるように思います。

山田一郎会長：当社の食品部門は、地元の食材を厨房で料理することがメイン業務であるはずだけど、確かに顧客が来なければ、売上は立たないことはわかります。ならば、テイクアウト方式へのシフトが、筋のように思うけど、さらに飛躍して、冷凍食品やレトルト食品に変化して、大丈夫ですか。

金子常務：やはり、当社の商圏では、テイクアウトよりも、むしろ、保存ができ、調理が簡単な冷凍食品やレトルト食品に顧客ニーズがあります。今までは、個人顧客や観光客がメインでしたが、最近では、同業のレストランや医療・介護施設からの冷凍食品やレトルト食品の注文が多くなっています。また、料理スキルを持った人の採用も可能になっています。

高橋専務：そうですね。コロナ禍で板前やシェフまたその専門家を抱えられなくなっている食堂・レストランが多くなっていますので、それらの人材が余剰になり、当社としては、採用は容易になっています。今までの小売部門の一部であった、当社の食堂部分への入社希望が、増加しているとも言えます。

山田太郎社長：その通りですね。この食堂部門については、見直しをすることになると思いますので、詳しくは、後のビジネスモデルに関する議題のところで協議したいと思います。では、管理部門の鈴木常務、ご報告をお願いします。

鈴木常務：我々の総務、人事、財務の業務は、営業や製造部門への支援業務が多く、直接、外部のお客様に接しませんので、この取締役会で

の毎月報告は、期初に作成したコスト計画と実際にかかったコスト実績の差異、また前月との対比などで大きな変化があった点をご報告したいと思います。ただし、会社全体の売上や費用また利益の計数については、これからも、今回と同様に高橋専務にお願いしたいと思います。ということで、私どもとしては、人件費や経費などについて述べることにします。最近のコストの特徴については、コロナ禍で、交通費や接待交際費が縮小され、イベントも中止されて費用が削減されているということです。働き方改革で残業は少なくなり、人件費も圧縮されています。ただし、テレワークの動きで、デジタル機器や研修代は増加していますが、これらの投資は一段落しましたので、今後は、収まっていくものと思います。

2 テレワーク導入に関する報告

吉田監査役：最近のコロナ危機に伴うテレワークや働き方改革について、当社にもいろいろな動きがあるようですが、この動きについては、各部署の中で、大きな変化があるかもしれません。新社長が、これからの方針などを練っておられると思いますが、一度、この点をまとめてご報告していただきたいですね。

山田太郎社長：そうですね。私の方針の中にも組み込むことにしていますが、コロナ危機の影響や働き方改革に絞り込んで、短期的な対策も含めて、まとめておく必要がありますね。テレワークの導入については、パソコンやスマホを活用した業務改革のように思われていますが、勤務時間、情報漏洩の問題や、報告経路や決裁経路などのレポーティングラインなどの問題もあって、経営そのものの改革も必要になっています。働き方改革では、タイムレコーダーなどの出退勤管理や各種補助金・交通費支援などの福利厚生、OJT・業務引継ぎなどの職務異動、そして、労働組合との問題などもあります。とりあえず、テレワークは実施していますが、詰めなければならない課題はたくさんあり

ます。次回の定例の取締役会で、各取締役から情報を集めて、鈴木常
務からご報告をしてもらいたいと思いますが、鈴木常務、いかがです
か。

鈴木常務：承知しました。今、新社長からかなり多くの問題点を指摘さ
れ、私ども総務・人事などの管理部門だけでは解決できないことに、
気付かされました。佐藤常務と金子常務から情報をいただいて、「コ
ロナ危機と働き方改革の影響と対策」という点でレジュメを作成し、
次回の取締役会で協議をしたいと思います。

山田太郎社長：その他にこの計数報告で質問はありませんか。

山田一郎会長：なるほど、パソコンの力でこのような資料を作成しても
らうと、発言内容や質問も明確になって、わかりやすく、議事の進行
もスムーズになりますね。今後は、この資料をベースにもう少しレベ
ルアップして、一層、円滑な質疑をお願いします。

3 新社長の経営方針の発表

山田太郎社長：では、前回の取締役会でお約束した議題に入っていこう
と思います。まずは、私の考えている、今後の当社の経営方針を皆様
にお伝えします。少子高齢化とコロナ危機の到来で、今までの観光客
に頼った小売販売では生きていけないと思い、皆様のスキルやノウハ
ウと情報収集力を考えて、卸売業に転換していきたいと考えました。
同時に、冷凍食品やチルド食品の製造にも拡大したいと思いました。

　一方、食事部門も、観光客に的を絞った食堂から、地域のレストラ
ンなどに食材などを提供するセントラルキッチン方式にシフトするこ
とを考えました。当社の周囲や外部の皆さんに対しても、お客様や地
域の真のニーズを追求していくために、当社としては、卸売業に転換
して、冷凍食品やチルド食品の製造にも拡大することがよいと思いま
した。一方、内部に対しては、当社が今まで培ってきた高いビジネス
スキルや情報収集力また情報提供力も、この卸売や製造に転換するこ

とで、一層強化できると考えました。これらの点については、前回の取締役会終了後に、3常務にご相談し、さらには、具体策を検討することになりました。

佐藤常務：実は、営業担当の私としても、現在の顧客や社会のニーズの変化から、新しく卸売業までに踏み出すことがよいと思っていましたので、新社長のご方針に賛成しました。

金子常務：私も、同じような危機感を持っていましたので、冷凍食品やチルド食品の製造に拡大することが必要であると考えていましたので、賛成しました。部門内の会議でも、設備の老朽化問題が出ていましたので、新設備の投入やスキルの引上げのプロセスが必要になりますが、皆、賛成でした。

鈴木常務：私も、新社長の方針に賛成しました。最近のデジタルデータ化の進歩の速度は凄いものです。例えば、この取締役会の資料も、各部門の内部資料を、従来ならば、我々総務部が各部の数値を改めて入力する操作が必要でしたが、今では、関係部門と当部の調整のみで、1～2時間くらいでできてしまいます。かつてのような入力作業の負担もなく、一覧表なども見やすい資料が容易にできて、情報交換も効率的にできるようになっています。このように、管理部門の事務の合理化はかなり進んでおり、総務、人事、財務部門もデジタルデータ化が進み、外部へ提出する情報開示資料についても、レベルアップしています。

　しかし、新社長のおっしゃった「お客様や地域の真のニーズを追求し、高いビジネススキルや情報を提供できる企業になろう」という経営理念については、3常務間で少し認識の違いがありました。3常務とも日々の業務執行の延長戦で、この経営理念の達成を考えて、現在のヒト、モノ、カネの経営資源のままでは、どのようにしたら、この経営理念を本当に達成できるかということで、やや保守的な議論になってしまいました。とは言うものの、部課長以下のメンバーはDX（デジタルトランスフォーメーション）やSDGsなどの新手法を既に

身につけていることでもありますから、各常務とも、管轄のそれぞれの部や課のメンバーの意見を聞くことになりました。

山田太郎社長：各常務からは、私の経営方針について、前向きのご意見をいただき、また、各部署のメンバーと意見交換をしてくれるとのこと、感謝いたします。私としても、この経営理念については、柔軟な対応にしたいと思っています。一般に経営理念は、社長の在任期間は変更せず、貫き通すものと思われているようですが、最近は、デジタル化・SDGs、環境問題が大きな変化となっており、企業の外部環境も急変していますから、経営理念もその変化に合わせるようになってきています。また、経営理念とは、四文字熟語とか、七五調が多いようですが、経営戦略のようにシナリオ形式のものも、広がっています。経営理念については、まずは、私が決めなければならないものですが、会社の全員が納得して、日々の行動に反映できるものでなければならないと思っています。そのためにも、「お客様や地域の真のニーズを追求し、高いビジネススキルや情報を提供できる企業になろう」ということについて、それぞれの部署でじっくり意見交換をしてもらいたいと思います。

吉田監査役：太郎新社長のおっしゃることは、その通りだと思います。経営理念は、今までの企業の場合は、やや硬直的に考えていたように思います。「お客様や地域の真のニーズ」は、必ずしも、営業マンが取引先からヒアリングするというものばかりではなく、行政機関や金融機関、またSNSから、把握できるかもしれません。要は、社員全員の気持ちが一つになって、同じ方向に進むことが大切です。ただし、この新社長の経営理念に対して、現状の経営資源では、無理があるというならば、これは困りますね。

山田太郎社長：その通りです。経営理念については、私としては、「お客様や地域の真のニーズを追求し、高いビジネススキルや情報を提供できる企業になろう」ということで、当社の外部と内部のそれぞれに対して、私の方向性を示したものですが、ぜひ、各役員の方々から、

それぞれの部門の皆様に諮っていただきたいと思っています。できれば、この経営理念に沿って、各部門で戦略などのシナリオを作成してもらい、後日、そのシナリオを私に知らせていただきたいと思います。

　一方、この経営理念を実践するにあたり、経営資源が不足するという点は、私としても対策を講じなければならないと思いました。卸売業への転換や冷凍食品・チルド食品の製造、そして、セントラルキッチン方式へのシフトについては、種々の設備投資や人材採用・職務研修が必要であり、ヒト、モノの経営資源の問題が発生します。その上に、資金調達の問題も生じます。3常務との意見交換においては、これらの経営資源の問題でかなりの時間を割くことになりました。

山田一郎会長：確かに、新社長の経営理念の達成には、設備投資や人材投資が必要になるし、その裏打ちとなる資金調達も必要になりますね。これらについては、かなりしっかりした経営計画の策定をしなければなりません。これは、「言うは易く、行うは難し」ということになりますね。

4　事業再構築補助金の利活用

山田太郎社長：とは言うものの、この取締役会に先立って3常務との話合いを行いましたが、鈴木常務の管轄の総務部から良い提案がありました。これは、目下、経済産業省や中小企業庁が積極的に推進している「事業再構築補助金」の利活用ということです。「事業再構築補助金」ですから、資金調達の一策ですが、この補助金申請に関する提出資料の作成には、大きなメリットがあることがわかりました。実は、この事業再構築補助金は、従来の補助金とは違って、企業自体を、直接、再構築するための補助金であり、企業が行う個々の事業に対する補助金の対象を広く考え、個々の事業の枠を乗り越えて、組織体としての企業を強化する支援資金という位置づけになっています。

　当社の場合も、個々の事業を強化することばかりではなく、その事

業を俯瞰して、企業やその周辺のステークホルダーを強くすることを目的としているのです。また、この事業再構築補助金については、企業の生産性を高めようという目的もありますが、このことも企業自体の強化ということです。ということで、この事業再構築補助金を通過点にして、当社全体の強化を図ることは、私の経営理念における戦略またはアクションプランの一つになると考えました。このことを気づかせてくれた総務部からの提案には、感謝しています。

鈴木常務：私も、総務部のこの動きは有難いと思いました。従来からあった「ものづくり補助金」「IT導入補助金」においても、最近は、企業全体の生産性の向上を一つの目的にしているように思われます。持続化給付金詐欺問題で、補助金にも悪いイメージがあるようですが、この補助金の趣旨をよく理解して、有効活用することは大切であると思います。そこで、総務部の久保課長にこの補助金の概要と審査の観点について、詳しく説明してもらいたいと思います。

久保総務課長：総務部の久保です。では、「事業再構築補助金」とその申請について、お話をいたします。事業再構築補助金は、企業全体の構造改革や組織改革を想定した資金調達ですので、当社においても、営業部、製造部、財務部、総務部など各部で決定する補助金ではなく、取締役会で意思決定を行う補助金ということになります。この補助金の資金は、事業転換や業種転換、業態転換などの資金に充当されるものであって、そのために、この事業再構築補助金の検討については、当社の経営理念や各部のビジネスモデルとのバランスをベースにするべきと思います。また、顧客・社会ニーズに沿った営業体制の改革や当社の内部組織改編にも絡ませて検討する必要があると思います。さらには、人事考課や地域・社会貢献など、企業経営の種々の項目を吟味することも必要に思います。

　皆様のお手元の「事業再構築補助金の審査条件」の資料をご覧ください。この資料には、補助上限、補助率の欄の最後に、「審査の観点」の欄があり、その欄に「(2) 事業化点 (3) 再構築点 (4) 政策点」の

3点が述べられています。それぞれの項目には、①〜⑤の細目があり
ますが、この欄には、目下注目されている企業経営の課題が網羅され
ています。

　例えば、その内容を羅列しますと、「事業実施のための社内体制」
「市場ニーズの有無の検証」「事業化に至るまでの遂行方法及びスケ
ジュール」「費用対効果と効果的な取組」「思い切った大胆な事業の再
構築」「リソースの最適化」「地域のイノベーションへの貢献」「デジ
タル技術や低炭素技術の活用」「雇用の創出や地域の経済成長」「ニッ
チ分野とグローバル市場へのアプローチ」「複数の事業者との連携」
などなど、今後の企業の経営条件・目標として述べられており、まさ
に、全社ベースの経営課題ばかりが、その観点になっています。

　取締役の皆様にとっては、「釈迦に説法」の内容かもしれませんが、
どの課題も経営理念や経営戦略のベースになるものであり、個々の事
業への要請事項というよりも、企業に対する全社ベースの課題である
ように思われます。

事業再構築補助金の審査条件

補助上限	6,000万円〜1億円（類型により異なる）
補助率	1/2〜3/4（類型や企業規模により異なる）
補助要件	①事業再構築指針に示す「事業再構築」の定義に該当する事業であること【事業再構築要件】 ②2020年10月以降の連続する6か月間のうち、任意の3か月の合計売上高が、コロナ以前（2019 年又は2020 年1月〜3月）の同3か月の合計売上高と比較して10%以上減少していること【売上高減少要件】 ③事業計画を認定経営革新等支援機関と策定すること。補助金額が3,000万円を超える案件は認定経営革新等支援機関及び金融機関（金融機関が認定経営革新等支援機関であれば当該金融機関のみ）と策定していること

	【認定支援機関要件】 ④補助事業終了後3～5年で付加価値額の年率平均3.0%以上増加、又は従業員一人当たり付加価値額の年率平均3.0%以上増加する見込みの事業計画を策定すること 【付加価値額要件】 　等
主な対象経費	機械装置等費 広報費 開発費 委託費 外注費
審査の観点	**（1）補助対象事業としての適格性** 「4．補助対象事業の要件」を満たすか。補助事業終了後3～5年計画で「付加価値額」年率平均3.0%（【グローバルⅤ字回復枠】については5.0%）以上の増加等を達成する取組みであるか。 **（2）事業化点** ① 本事業の目的に沿った事業実施のための体制（人材、事務処理能力等）や最近の財務状況等から、補助事業を適切に遂行できると期待できるか。また、金融機関等からの十分な資金の調達が見込めるか。 ② 事業化に向けて、競合他社の動向を把握すること等を通じて市場ニーズを考慮するとともに、補助事業の成果の事業化が寄与するユーザー、マーケット及び市場規模が明確か。 市場ニーズの有無を検証できているか。 ③ 補助事業の成果が価格的・性能的に優位性や収益性を有し、かつ、事業化に至るまでの遂行方法及びスケジュールが妥当か。補助事業の課題が明確になっており、その課題の解決方法が明確かつ妥当か。 ④ 補助事業として費用対効果（補助金の投入額に対して増額が想定される付加価値額の規模、生産性の向上、

その実現性等）が高いか。その際、現在の自社の人材、技術・ノウハウ等の強みを活用することや既存事業とのシナジー効果が期待されること等により、効果的な取組となっているか。

（3）再構築点
① 事業再構築指針に沿った取組みであるか。また、全く異なる業種への転換など、リスクの高い、思い切った大胆な事業の再構築を行うものであるか。

② 既存事業における売上の減少が著しいなど、新型コロナウイルスの影響で深刻な被害が生じており、事業再構築を行う必要性や緊要性が高いか。

③ 市場ニーズや自社の強みを踏まえ、「選択と集中」を戦略的に組み合わせ、リソースの最適化を図る取組であるか。

④ 先端的なデジタル技術の活用、新しいビジネスモデルの構築等を通じて、地域のイノベーションに貢献し得る事業か。

（4）政策点
① 先端的なデジタル技術の活用、低炭素技術の活用、経済社会にとって特に重要な技術の活用等を通じて、我が国の経済成長を牽引し得るか。

② 新型コロナウイルスが事業環境に与える影響を乗り越えて V 字回復を達成するために有効な投資内容となっているか。

③ ニッチ分野において、適切なマーケティング、独自性の高い製品・サービス開発、厳格な品質管理などにより差別化を行い、グローバル市場でもトップの地位を築く潜在性を有しているか。

④ 地域の特性を活かして高い付加価値を創出し、地域の事業者等に対する経済的波及効果を及ぼすことにより雇用の創出や地域の経済成長を牽引する事業となることが期待できるか。

⑤ 異なるサービスを提供する事業者が共通のプラットフォームを構築してサービスを提供するような場合など、単独では解決が難しい課題について複数の事業者が連携して取組むことにより、高い生産性向上が期待できるか。また、異なる強みを持つ複数の企業等（大学等を含む）が共同体を構成して製品開発を行うなど、経済的波及効果が期待できるか。

　上記の「審査の観点」は、事業再構築補助金の採択の目線を公表していますが、この補助金を受ける企業（補助対象事業者）への国や行政機関の期待が述べられていると思われます。そのなかでも、最近の地域貢献や社会貢献の風潮、特に20〜30代の年齢層に強くなっているSDGs的な考え方は、自社の経営理念や経営戦略として、重要なポイントになると思います。株式会社ならば、出資者である株主の意見を尊重しなければなりませんが、この「審査の観点」は、補助金、すなわち、返済のない国の株式投資のような支援の資金の条件であって、国や行政機関の意向をよく理解して、受け入れるべきであると思います。

高橋専務：久保課長の説明や「事業再構築補助金の審査条件」の資料を読んで、国や中小企業庁が、この事業再構築補助金を通した企業への期待がよくわかりますし、中小企業にとっても、経営理念や経営計画が重要であり、企業の生産性の向上が必須であることも共感できます。現在、新社長が中心となって策定している経営理念は、当社にとって極めて重要ですが、この事業再構築補助金の「審査の観点」によって、この経営理念を再チェックをすることも大切であると思います。

佐藤常務：私も営業担当として、久保課長の挙げた「市場ニーズの有無

71

の検証」は重要であると思います。新しい事業化に向けて、競合他社の動向を把握すること等を通じて市場ニーズを十分把握する必要がありますね。新しい事業についての効果は、ユーザー、マーケットおよび市場などで把握することが大切であり、景気情勢、地域事情、商品ニーズの変化など外部環境を冷静に見ながら、「ユーザー、マーケット、市場」の動向がどのように変化するかなど、注視する必要があります。

　企業としては、現場担当者の意見を十分尊重し、経営陣のマクロ観との乖離などがある場合は、その原因を明らかにする必要があります。そのためには、地域情報について、政府・行政から出している「経済センサス」や「RESAS」など、また、業界市場動向情報については統計グラフ化ツールの「グラレスタ」の公表データから、情報収集を行い、新規事業に対する「ユーザー、マーケット、市場」の目線を前もって定めておくことも大切だと思います。

金子常務：私も製造部門の担当として、「リソースの最適化」や「地域のイノベーションへの貢献」について、責任を感じます。市場ニーズや自社の強みを踏まえ、「選択と集中」を戦略的に組み合わせ、「リソースの最適化」を図ることは重要です。中小企業の場合は、ヒト・モノ・カネ・情報などのリソースが少ないことから、「選択と集中」を戦略的に実施し、攻めばかりではなく、守りの強化を図ることもポイントになります。外部環境や内部環境の分析を考えながら、自社の経営資源を効率的に配置することにも注力するべきですね。

　また、先端的なデジタル技術の活用や新しいビジネスモデルの構築等を通じて、「地域のイノベーションに貢献」することも欠かせません。先端的なデジタル技術の活用については、漠然とデジタル技術の活用と言っても、範囲が広すぎて、アクションプランにはなかなか落とし込めませんが、私としては、データ分析や事務プロセスを通して、ITツール・APIなどのデジタル機能を検討していかなければならないと思っています。

鈴木常務：私は、総務・人事部門の担当として、久保課長が説明した中の「社内体制」について、再チェックしなければならないと思いました。新社長の経営理念を効果的に運用することを考えた場合は、現在の人材、事務処理能力等の体制や財務の体制もかなり整える必要があると思います。新しい、いくつかの事業が新たな負担になるわけですから、従来の業務と新事業が共倒れにならないように、やはり組織改編をするべきであると思っています。また、金融機関等から、新旧の両事業に対して、円滑に資金調達が見込めることも確認しておく必要があります。そして、企業の内部管理面も見直して、新規事業の上乗せがあっても、適切に遂行できるか否かの検討をしておくべきであると思いました。流動的な外部環境の変化にも臨機応変に対応し、施策変更に対しても、金融機関の支援を続けてもらえるような、その信頼関係の維持も重要に思っています。新規事業を始める前には、メイン銀行ばかりではなく協融金融機関の支援も必要になりますから、事前説明なども欠かせませんので、この点も注意していかなければならないと思います。

山田太郎社長：皆様も、この「事業再構築補助金の審査条件」の資料から種々の気づきがあったようですが、私もかなり頭の整理ができました。私の新経営理念につきましては、新しく設備投資や人材投資、また、かなりの経費支出も発生しますので、資金調達も必要になります。しかも、これらの投資に関する資金回収は、かなり長期間になると思いますので、返済負担のない事業再構築補助金による調達は、有難いものと思います。また、事業承継で私が新社長になりましたので、取引金融機関に私なりの経営理念の説明を求められ、その説明資料の準備もしなければなりません。この「事業再構築補助金の審査条件」は、その資料作成には良きチェックリストになると思っています。同時に、この「審査条件」は、当社の役員の皆様にもきっと役立つものになると思います。

高橋専務：私も同意見ですので、申請金額は後日決定するとして、この

取締役会にて、「事業再構築補助金の申請を行う」ということを決定することにしてはいかがでしょうか。

山田太郎社長：では、「事業再構築補助金の申請を行う」ということについて決議を行いたいと思いますが、ご発言の少ない新会長のご意見をお聞きしたいと思います。

山田一郎会長：既に、この補助金の説明や、多くの取締役の方々のご意見をお聞きし、私としても、この「事業再構築補助金」について気づきがありました。補助金とは、申請の手続きが煩雑のわりに金額が小さく、そんな手間をかけるならば、金融機関から資金調達をした方が良いと思っていました。しかし、「事業再構築補助金」は、補助金が6,000万円〜1億円とのことであり、返済条件のないということで、驚きました。もしも、この金額を増資で調達したならば、大きな負担になってしまいます。ただ、申請内容は、企業自身の根幹に及ぶものであり、事務負担ばかりではなく、経営者の考え方や行動指針までを問うもので、新社長の言うように経営理念のチェックリストにも該当すると思います。

　私としては、高橋専務のおっしゃった通り、申請金額は後日決定するということで、この「事業再構築補助金」の申請手続きをスタートすることに対しては、賛成です。持続化給付金詐欺の問題がマスコミを賑わしていましたが、これは、申請者がしっかりした考え方を持たず、その検討も行わずに、資金給付を求めたことに原因があったと思います。給付金や補助金は、企業にとっては増資に相当する資金調達ですから、当社としても、皆で十分調査し議論してもらいたいと思います。即断即決をしていた私の発言らしくありませんが、皆さんのご意見をもっと聞いてから、意思決定しておけば良かったと、ちょっと反省しています。

山田太郎社長：それでは、「事業再構築補助金の申請を行う」ということに賛成の方は挙手をお願いします。（全員挙手）

　では、当社として、「事業再構築補助金の申請を行う」ことにします。

ついては、私から皆様にお願いがあります。私の経営理念に対して、皆さんが「事業再構築補助金の申請」の書類を作成するにあたり、再度、よく検討していただき、ご意見を出してもらいたいと思います。私も、経営理念に対しては、再度チェックをします。

高橋専務：しかし、「事業再構築補助金の申請」の書類と新社長の経営理念について、この取締役会で、協議するには、久保課長の説明だけでは、なかなか踏み込んだ議論にならないと思われます。特に、我々役員としては、SDGsや環境問題またDXなどの「グリーン・デジタル」などの情報には、疎いところがありますので、少し時間をいただきたいと思います。

山田一郎会長：なるほど、高橋専務のご意見はもっともですね。私が社長をしていたときは、私が方針を決めて皆様に諮っていた、いやいや、一方的に皆様に伝えていたという方が正しいかもしれませんが、とにかく、指示や方針は決定済みということで、皆様はすぐに動くことができたと思います。しかし、合議制では、皆が検討する時間が必要となりますね。ですから、実務サイドとしては、自分たちが納得できるまでは、意見を言ったり、行動しなければなりませんので、この点はなかなかツラいことかもしれません。皆に考えてもらう時間も必要ですね。

山田太郎社長：では、先ほど私が申し上げた「お客様や地域の真のニーズを追求し、高いビジネススキルや情報を提供できる企業になろう」ということは、暫定的な経営理念として、皆様で「事業再構築補助金の申請」の書類を作成しながら、検討していただきたいと思います。そこで出た意見を踏まえながら、次回の取締役会で、当社の経営理念を決定したいと思います。よろしいでしょうか。

参加者全員：異議なし。

山田太郎社長：どうもありがとうございました。では、私の経営方針については、次回の取締役会で決議をいただきたいと思います。

　なお、この「事業再構築補助金の申請」の書類の作成過程において

は、私や他の常務も引き続き参加し、できるだけ、多くのメンバーの意見を入れるようにお願いします。

鈴木常務：そこで、私からご提案がありますが、よろしいでしょうか。

山田太郎社長：はい、どうぞ。

鈴木常務：実は、この経営理念と事業再構築補助金の検討にあたりまして、プロジェクトチームを作成し、そこで突っ込んだ検討をしてはいかがかと思いました。経営理念については、役員間で議論することは可能と思いますが、「事業再構築補助金の申請」については、かなり実務色が強くなります。そこで、3常務に加えて、それぞれの管掌部門からデジタルやグリーンなどに長けた若手を出してもらうことではいかがでしょうか。総務・人事部門の担当の私としては、総務部の中田雄二係長、営業部の石井幸一課長、製造部の田宮好子係長がプロジェクトチームのメンバーになってもらってはいかがかと思います。

山田太郎社長：確かに、突っ込んだ検討をお願いしたいと思いますので、鈴木常務の動議は、もっともであると思います。またメンバーについては、当社全体のことも考えられるような人材が良いと思いますが、佐藤常務と金子常務は、この人選でよろしいですか。（両者は快諾）

では、事業再構築補助金の申請プロジェクトチームの組成について、私からも、追加の動議を行いたいと思います。取締役会の書記で議事録作成役や、先ほどのような調査事項の発表役を行っていた、久保総務課長も、このプロジェクトチームのメンバーに加えてはいかがかということです。取締役会の意向と若手メンバーの考え方をともに理解できるものと思いますので。（参加者は了解の意向）

ということで、「事業再構築補助金の申請プロジェクトチームの組成」について、決議を行いたいと思います。

参加者全員：異議なし。

山田太郎社長：では、早速、「事業再構築補助金の申請」の手続きと、私の経営理念「お客様や地域の真のニーズを追求し、高いビジネススキルや情報を提供できる企業になろう」について、プロジェクトメン

バーに検討をお願いしたいと思います。では、次回の取締役会で、このプロジェクトチームの結論をお聞きしたいと思います。

7 事業再構築補助金の申請および経営理念検討プロジェクトチームの活動

　第2回取締役会で、協議されたプロジュクトチームの件は、第3回取締役会で鈴木常務の動議によって、正式に決議されました。このプロジュクトチームは、デジタルデータ化のスキルを持った中間管理職が入り、それぞれの部署の業務推進や事務管理部門のデジタル化を進め、各部署のリーダーが企業全体の経営方針に沿って親密に連携を図るというものです。構成は新社長に3常務を加えて、以下のメンバーで、事業再構築補助金申請と経営理念検討を行い、直ちに、取締役会のプロジェクトチームとして、活動をスタートしました。

　このプロジェクトチームメンバーと取締役会の書記兼議事録担当の総務課長のプロフィールは以下の通りです。

1 プロジェクトチームメンバーのプロフィール

総務部・中田雄二係長：35歳。
総務部システム企画係長として、全社のインターネット環境や社内のネットワーク、企業全体のPC投資の企画を行っている。大学卒業後、営業部と総務部の財務部門を各3年経験し、以後、システム分野の業務を行っている。

営業部・石井幸一課長：41歳。

営業部の企画課長として、営業部の商品別、地域別、仕入先別の計数管理を行い、目標やモニタリング管理も行っている。高校卒業後、総務部で経理・財務担当を5年、システム・人事担当を各4年、その後、営業の地域担当を4年経験してから、営業部の企画係長を3年経験して、2年前から、営業部企画課長を務めている。

製造部・田宮好子係長：38歳。

製造部総務担当係長として、食品製造部門のシステム・人事管理と製造部の配送管理とパートを含めた採用企画を行っている。高校卒業後、総務部で、経理・財務の実務を5年担当し、PCネットワークの担当を3年、営業部の総務管理を5年、製造部では、食堂部門の係長を4年経験してから、現在のシステム・人事・配送管理の係長を3年務めている。

総務部・久保久志総務課長：49歳。

総務部の筆頭課長であり取締役会の書記役。大学卒業後、営業部を5年、製造部で6年、係長に昇進し、総務部でシステム・人事・企画の各係長を歴任し、4年前から総務課長として、鈴木常務の右腕で、総務部長候補。取締役会の議事録作成担当。

2　第1回事業再構築補助金の申請および経営理念検討プロジェクトチームの質疑

鈴木常務：これから、新社長の経営理念の検討プロジェクトチームの活動を始めたいと思います。前回の取締役会で、新社長の暫定的な経営理念「お客様や地域の真のニーズを追求し、高いビジネススキルや情報を提供できる企業になろう」をお聞きしましたが、この内容を実践

するには、資金調達が必要であり、それには、「事業再構築補助金」の申請を行う方向になりました。

　一方、新社長の暫定的な経営理念を吟味するには、「事業再構築補助金の審査条件」が役に立つということにもなりました。したがって、この「事業再構築補助金の申請および経営理念検討プロジェクトチーム」では、その両面の検討を行っていきたいと思います。まずは「事業再構築補助金」の申請の手続きを行って、その文書等の作成後に、新社長の暫定的な経営理念との整合性を合わせるという手順で進めてまいりたいと思いますが、社長、この手順でよろしいでしょうか。

山田太郎社長：もちろん、その手順で進めてください。一般に、経営理念は、経営ビジョンや経営戦略に落とし込んで、実践するものですから、ここでは、「事業再構築補助金」の申請の作業からスタートすることが第一だと思います。

鈴木常務：経済産業省・中小企業庁が進めている「事業再構築補助金」の内容と、新社長の方針が重なりますので、我々プロジェクトチームは、この「事業再構築補助金」に関する申請書作成時には、新社長の方針に沿って、文書化していきたいと思っています。この「事業再構築補助金」は、従来の補助金とは違って、個々の事業への補助金というよりも、企業全体にわたる補助金という位置づけになっていますので、この2つの作業は同じ方向に向かった検討であるものと思います。なお、このプロジェクトチームの検討の内容は、次回の取締役会に諮ることになっていますので、よろしくお願いします。

山田太郎社長：その通りです。このプロジェクトについては、前回の取締役会で、私の思いとして、役員の皆様にはお話しましたが、実際に情報収集や調査また文書化を行う皆様には、主に3つの視点でお話をいたします。その一つが、「小売業から卸売業への転換」ということです。この内容を、ぜひ、このチームで文書化まで固めてもらいたいと思います。このことは、「事業再構築補助金」の申請の作業にも重なりますので、早急に市場調査を行って、外部データも加味しながら

資料作成などを行ってもらいたいと思います。

　また、2つ目の理念の命題としては、「製造における冷凍食品やチルド食品への拡大」です。そのためには、コロナ禍における、土産物の小売店や卸売業また食堂・レストランの販売実態を調べ、この冷凍食品やチルド食品が受け入れられるかのチェックも必要になります。食堂やレストランの廃業・倒産もかなり多くなっていますから、その実態も調べなければならないとも考えています。

　さらに、3つ目として、「食事部門は、食堂から地域のレストランなどに食材などを提供するセントラルキッチン方式へのシフト」をイメージしています。これらは、工場のラインの新設やセントラルキッチンの新設機器の導入も行うことになりますが、その採算計算を含めた資料化も必要になります。同時に、資金調達計画も立てなければなりません。

　現実問題として、私の経営理念や方針が、最終的に取締役会で承認されることになったならば、直ちに、取引金融機関や行政機関との資金調達交渉をスタートすることになります。私が社長になって、取引先や金融機関との交渉などの活動が遅くなることは、避けたいと思います。

　私としては、社長就任の挨拶などで、会社を空けることも多くなると思いますが、皆様との連絡は密にとって、このプロジェクトチームの活動にブレーキがかからないように努めたいと思っています。では、「事業再構築補助金」の申請書についての、質疑に入っていきましょう。

3　小売業から卸売業への転換

佐藤常務（営業担当）：まずは、営業担当の私から、口火を切ることにしましょう。山田新社長の「小売業から卸売業への転換」という方針については、営業担当として厳しい課題に思いましたが、小売業とし

ては、コロナ禍で観光客が急減してしまうと、待ちの営業が主流の小売では、売上の引上げ策はなくなってしまいました。日光地区中心の商圏を栃木県や関東北部地区に拡大し、取扱商品の変化にチャレンジすることで、売上のアップを図ることが何とかできました。

　また、取引先の経営者が高齢となり、コロナ禍で、廃業や倒産も多くなってきました。そこで、当社として種々工夫を続けて頑張っていると、販売チャネルが当方に流れてくることもありました。同業の小売業者も、当社からの商品融通を求めてくることもありました。当社としては、商圏を広げ、高齢化した卸売業者のチャネルの肩代わりを担うことも一策に思いました。この既存の小売業者や卸売業者の動きをフォローしていけば、全体のマーケットが大きくならなくとも、商機は良い方向に傾くと思うように感じました。当社のマーケットを丁寧に広い視点で見ていくと、「小売業から卸売業へ転換する」ということに、明るい方向性が見えると思いました。ただし、このような動きは、コロナ危機が1年以上続いたなかで生じてきたことであって、統計資料などにははっきり出ていないと思いますので、「事業再構築補助金の申請書」に文書化することは難しいかもしれません。やはり、公的な資料の提出を求められると思いますので、推測が含まれる数値では、まずいですよね。

製造部・田宮係長：いや、それは違うと思います。他の部署の人間が立ち入ったことを申し上げることに、少しためらいはありますものの、プロジェクトチームということで、発言させてもらいます。最近は、SNSが急速に広がり、いろいろな統計データもかなり多く見られるようになっています。日光地区への観光客数の変化や当地の企業の事業承継、倒産、廃業の状況、売れ筋商品の動向は数値で把握もできますし、業務の変化は、個別の企業のホームページなどで把握できます。「事業再構築補助金の申請書」の記載事項の資料も、作成できると思いますが。

山田太郎社長：それは有難いことですね。私も経営理念を作成するにあ

たり、「お客様や地域の真のニーズを追求し……」という件について、どのように「お客様や地域の真のニーズ」を捉えるか、悩んでいました。また、「小売業から卸売業への転換」は、当社にとって当然の流れのように、肌感覚でわかっているのですが、他の役員の皆様に、いかに説明するか、困っていました。田宮係長、良い情報をありがとうございます。

佐藤常務：私も、田宮係長の情報に感謝します。「小売業から卸売業への転換」ということに話を戻して、営業部門の課題をもう少し話したいと思います。卸売業に転換することは、顧客対応の負担から、取引先調査や市場調査、仕入先交渉や製造部との調整、また、倉庫の拡充や運送方法の変更などという、新しい業務が増加することになります。そのためには、営業担当者に取引先、仕入先、製造部との交渉スキルを身につけてもらい、在庫管理やデリバリー管理、また、その業務に関わる計数やデジタルの管理スキルも習得してもらわなければなりません。小売の時は、販売先は個人がほとんどでしたが、卸売業務については、販売先に企業が多くなり、その金額も大きくなって、複雑になることから、営業部のメンバーはついていけるか心配です。営業現場の石井課長としては、それらの点に不安はありませんか。

石井課長：営業の現場としては、「お客様や地域のニーズ」を捉えやすいという点では、むしろ歓迎すると思います。私ども営業担当としては、従来から、個人客の動向というよりも、同業者や仕入先の動きをよく見ていましたし、毎日の営業日誌や業務報告もスマホで基礎データを入力していましたので、デジタル面や交渉面の負担は、それほど心配していません。ただし、取引先や仕入先の業績管理面、システム管理面の変更や、小売から卸売へのシフト期間の業務の混乱に不安があります。

鈴木常務：「お客様や地域の真のニーズを追求し……」という経営理念に対して、営業部門が前向きにとらえている点は有難いですね。そのためには、システム負担や教育研修負担も伴いますので、やはり資金

調達のためにも、「事業再構築補助金の申請書」の作成は急ぐ必要があります。この申請書については、既に皆様のお手元にお届けしていますが、この申請について、石井課長は、どのように考えていますか。

石井課長：「事業再構築補助金の申請書」には、まず全社ベースの経営計画を記入しますが、その全体計画に沿った営業部門の計画を作らなければならないと思います。具体的には、商品別・地域別・仕入先別計画や倉庫やトラックなどの設備投資計画も、これに含まれます。そのためには、「事業再構築補助金」の申請書の記入項目である、「事業の実施場所」や「最近の売上等の減少要件」を固めると同時に、新社長の新経営理念が、この「事業再構築補助金」における、「新分野展開・事業転換・業種転換・業態転換・事業再編」のどの類型に該当するかを皆様と擦り合わせをしなければならないと思います。

また、事業計画については、「補助金関連事業」「将来の展望」「この事業に関する資産の購入予定や収益見通し」の項目に記載する内容も詰める必要があります。営業担当の私としても、かなりの分量の調査や、現状の外部・内部の環境分析を行い、また、ラフな営業予測も立てて、各部門計画を作成することになります。とにかく、次回の取締役会までには、新社長の経営理念と整合性のある「事業再構築補助金申請書」を作成しなければなりませんので、早期にやることと、その後に時間をかけて検討することに分けて、皆様の足並みを乱すようなことがないように、準備したいと思います。

4 冷凍食品・チルド食品の製造

佐藤常務：それから、新社長の2つ目の命題である「製造は冷凍食品やチルド食品に拡大していきたい」につきましては、営業担当として、自社製品販売のメリットや課題を習得しなければならないと思いました。今までは、仕入れていた商品の販売でしたが、これからは、自社製品の販売ですので、最終ユーザーの要望を直ちに製造部門に伝える

ことのメリットがある一方、原価計算を踏まえた値入作業が加わります。また、この製品の販売チャネルの拡充も急がなければなりませんし、製造工程の効率化のためにも、安定受注に注力する必要があります。それから、製造部と相談して、スケジュール調整も必要になりますね。

中田雄二係長：この冷凍食品やチルド食品を、当社で製造販売することについて、新社長にお聞きしたいと思います。コロナ禍で、これらの商品の巣ごもり需要が話題になっていますが、この巣ごもり需要をウィズコロナ・ポストコロナ時代の売上につなげることを狙われたのですか。

山田太郎社長：確かに、その狙いもあります。現在、飲食店はテイクアウトを生き残り策にしていますが、単身世帯や小家族の増加で、食材の買い置きが増加しています。また、冷蔵庫の機能もアップし、冷凍食品やチルド食品のニーズも底堅いものになっています。ウィズコロナ時代・ポストコロナ時代となっても、この流れは続くと思います。それから、私としては、地元の食材を中心にして、冷凍食品やチルド食品を製造することで、地域貢献にもなると思いました。冷凍食品やチルド食品ならば、商圏も広がりますし、販売期間もかなり長期化できるので、今までの地域の納入業者の方々にも喜んでもらえると思いました。

佐藤常務：そのためには、我々営業部門も早急に、冷凍食品やチルド食品の販売チャネルの調査をしたいと思います。冷蔵・冷凍ショーケースのある販売店や冷凍用のトラックについても調べなければなりません。

製造部・田宮係長：私ども製造部も、冷凍食品やチルド食品の新製品開発を行ったり、納入業者に安定供給の手配をしたり、工場内の保管設備の準備も早急に考えることにします。

5 セントラルキッチン業務

佐藤常務：それから、3つ目の社長命題である「食堂や地域のレストランなどに食材などを提供するセントラルキッチン方式へのシフト」については、従来の同業者である地元の食堂・レストランへの販路拡大に努めることがポイントになります。従来、市場調査は、マクロ面の調査を中心に、総務部の中田係長にお任せしていましたが、今後はRESASや経済センサスなどの行政機関からのマクロ情報を、我々営業部門で管理するようにして、当社の個別情報とリンクしながら、精度を上げた調査にしなければならないと思います。

　ウィズコロナ時代・ポストコロナ時代が始まれば、外国人観光客の復活や国内旅行客の増加で、成長が見込める企業や店舗も増えてくると思います。また、コロナ禍が長期化したことで、廃業や倒産に追い込まれた食堂やレストランも、かなり多くなっています。コロナ前とセントラルキッチンのニーズが変わっている可能性もありますね。新たに、地域情報をチェックすることが必要になります。

金子常務：私ども製造部門についても、新社長の方針については、早急に作業をしなければならないと思っています。今までは、本店や支店の食堂部門の充実や、製造部門のレベルアップに注力してきましたが、これからは、製造内容が大きく変わってきますね。土産物店や小売店からの多種類の注文に加えて、冷凍食品やチルド食品のニーズに応える製造を行い、地元の食堂やレストランからの食事や食材の注文に合ったセントラルキッチンの新設稼働を行うことになります。製造部門については、製造機器のスクラップ＆ビルドを行い、人材のスキルアップや新規の採用も考慮しなければならないと思っています。

　また、食材の仕入や搬出については、営業部門・管理部門との連携を、一層密にすると同時に、地域の食材や地域の人材の採用も重視することになります。製品の注文については、営業部門が主に動いてくれると思いますが、当社の本店や支店からの注文や通信販売部門から

のニーズは、我々製造部門が中心に把握しなければならないことになりますね。製造部門の内部のデジタルデータの管理も充実すると同時に、営業部門や管理部門との情報の共有化が必要です。納入業者や近隣の食堂・レストランとのネットワーク化も必要になるかもしれません。私どもとしても、よりフットワークの良い動きに努めていくつもりです。ただし、当面の作業は、「事業再構築補助金」申請書の、新設設備や撤去設備の見通し、製造部門の従業員の研修と新規業務担当者の採用の検討であると思いますので、これらを急ぎたいと思います。私が思い付くところは、ざっとこのくらいですが、田宮係長、どうでしょうか。

製造部・田宮係長：製造部門の動きを総合的に見れば、金子常務のおっしゃる通りですが、我々実務担当者としては、製造部門の原価計算の見直しを行って、「事業再構築補助金」申請書の電子申請入力項目に提供する費用面の予測値を固めなければならないと思います。その他、当社のセントラルキッチンを利用する地元の食堂やレストランからの注文については、オンライン・メールばかりではなく、電話やFAXも混在すると思います。また、デリバリー体制もかなりのバリエーションとなり、それらを整理し、衛生面もぬかりなく行うことも欠かせません。

　また、営業部・総務部と連携して、冷凍食品やチルド食品の倉庫や運搬の手配、それに伴うシステム化の準備も急がなければならないと思います。さらには、当社の新業務に関するPRやホームページの新設・利活用も行う必要があると思います。私どもも、営業部門と同様に、次回の取締役会に向けて、数値の報告は、急いで行っていきたいと思っています。

6　**「事業再構築補助金」申請書の電子申請入力や行政・金融機関対応**

鈴木常務：そうですね。営業部門や製造部門の皆様が、「事業再構築補

助金」申請書の電子申請入力項目について、それぞれの実績や予想数値を急いで算出してくださるというお話を聞いて、総務部門としても、準備を急がなければならないと思いました。この電子申請入力項目の記入については、ほとんどが総務部門の担当になると思います。我々としては、プロジェクトチームの中田係長に早急にこの電子申請入力項目の数値を埋めてもらい、総務部の内田部長と久保課長と私の3人を加えて、見直しを行って、営業部門と製造部門との調整を行い、半月後に、社長、佐藤常務、金子常務と、このプロジェクトチームメンバーで、「事業再構築補助金」申請書の電子申請入力項目について意見交換をしたいと思います。来月の取締役会で新社長の経営理念を固めると同時に、「事業再構築補助金」申請書の決定を行うには、このスケジュールで進めなければならないと思いますが、いかがでしょうか。

　行政機関には、取締役会決定後に、この電子申請入力項目を送信したいと考えていますし、取引金融機関にも、私と内田総務部長が、直ちに説明に回るということにしたいと思います。なお、この「事業再構築補助金」申請書の電子申請入力項目につきましては、その要約をレジュメに落とし込んで、取締役会で具体的な協議を行い、決裁をしていただきたいと思います。総務部の久保課長と中田係長には、このスケジュールで全体調整を行ってもらいたいと思いますが、よろしいですか。なお、内田総務部長には、私から、前もって話をしておきます。

中田係長：鈴木常務のおっしゃったスケジュールで、早速動きたいと思いますが、新社長の経営理念との整合性も、確認していきたいと思います。まずは、この「事業再構築」については、新社長として、「業種転換」や「業態転換」ではなく、「事業転換」でよいか、ということを確認したいと思います。また、当社の、現状・近未来の分析として、SWOT分析を、実務担当者が行いますが、その内容を取締役会提出前に新社長に見ていただきたいということです。

山田太郎社長：私としては、暫定的な経営方針を策定してみましたが、

いろいろな角度で皆様に検討してもらいたいと思っています。まず、私の経営理念は、業種転換でも業態転換ほど大きな転換ではなく、まさに、「事業転換」がよいと思いました。また、当社の経営に関して、SWOT分析を若手の皆様が行ってくれることは、有難いことであり、その内容を私なりに検討して、意見交換をしたいと思っています。

　また、この「事業再構築補助金」申請書につきましては、前期の決算説明の時に金融機関に提出した資料に沿って、皆さんがその叩き台を作成してくれると思いますが、その内容も、私としては意見交換をしたいと思っています。石井課長（営業担当）、製造部の田宮係長、中田係長、よろしくお願いします。私の経営理念については、3常務には、取締役会で再度、詳しく説明しますから、むしろ、3人の若手にはざっくばらんな意見を聞きたいと思っています。

中田係長：わかりました。我々若手のプロジェクトメンバーが相談して作成した、下書きレベルの申請書になると思いますが、社長には、その資料をお見せし、簡単な情報交換をさせていただきたいと思います。

山田太郎社長：もちろん、常務や皆さんの直属の上司にその資料を見せてもまずいことはありませんが、時間の制約があることや、若手の方々の本音もお聞きしたいことから、このようなお願いをしました。それから、このプロジェクトチームの作業については、日ごろの業務に上乗せすることになっていますので、かなりハードであり時間もないと思います。そこで、我々役員に対しても、遠慮せずに、適宜相談をしてください。それから、久保課長にお願いがあります。今までの取締役会の議事録を、石井課長、田宮係長、中田係長に見せて、補足説明などをしておいてください。

久保総務課長：私は、取締役会に参加し、書記役として、議事録の原稿作成をしていますので、皆様には、今までの経過説明もできると思います。この会議が終わりましたら、早速、情報共有をいたしましょう。

鈴木常務：今までの前社長による即断即決方針から、新社長は、合議制をベースにしようということになりました。この方針変更があったと

しても、あくまでも、このことは企業内部のことであり、外部の方々
に迷惑をかけることはできません。そのためには、意思決定のスピー
ドは、合議制になろうとも、遅くなってよいということはありません。
特に外部案件については、遅れることのないようにしなければなりま
せんし、新社長もその方針です。特に、仕入先や販売先、行政機関や
金融機関などとの交渉には、注意する必要があります。また、資金調
達面では、そのタイミングを逸することがないように注意するべきで
あり、今回も同様です。そのためにも、このプロジェクトチームの動
きは、重要になります。

　皆様には、今回の検討事項の叩き台になる「事業再構築補助金」申
請書の用紙が届いていると思いますので、営業部門、製造部門、管理
部門の各常務や若手の皆様は、直ちに、作業に取り掛かっていただき
たいと思います。では、次回の、このプロジェクトチームの打合せは、
2週間後の午後3時からにさせてもらいます。よろしくお願いします。

8 第2回プロジェクトチームの質疑

1 「事業再構築補助金」申請書の事業概要の位置づけと質疑内容の絞り込み

山田太郎社長：第1回のプロジェクトチームの会議から、約2週間が経
　ちましたが、皆様のお手元にある「事業再構築補助金」申請書（電子
　申用）の状態まで進めていただきました。インターネットなどから
　の外部情報も含めて、種々の地域情報をも取り込んで、また、営業部

門・製造部門・管理部門のタイムリーな情報も加えて、良い申請書になっていると思いました。今日は、この申請書の最終チェックも兼ねて、皆様に忌憚のないご意見をいただきたいと思います。

鈴木常務：この申請書につきましては、営業部門と製造部門から提出いただいた原稿を総務部門の内部で調整をしました。今日は、社長ご自身から経営理念に沿ったものになっているかを、チェックしていただきたいと思います。では、この申請書の原案を作成した中田係長に、説明をお願いし、皆で意見交換をしたいと思います。

中田係長：では、私から申請書の電子申請入力項目についてお話をいたします。この申請書は、「1．申請書の概要」「2．その他の事業実施場所」「3．応募申請者の概要」と自社紹介、また、最近の損益状況などを記載しています。その後、「4．事業概要」「5．補助事業（過去に受けた国等の補助金や委託費）等の実績」「6．経費明細表、資金調達内訳」「7．審査における加点」「8．（連携して取り組む事業者がある場合の）補助事業実施体制」の記載の順番になっていますが、この5～8の項目は、事務的なものです。新社長の経営理念・戦略については、この「4．事業概要」に主に反映していますので、ここについて意見交換をお願いしたいと思います。皆様のお手元の資料は、この「4．事業概要」の抜粋です。

佐藤常務：では、電子申請入力項目の「4．事業概要」以外は、今回は議論しなくてよろしいのですか。

中田係長：そうですね。「1．申請書の概要」「2．その他の事業実施場所」「3．応募申請者の概要」と、「5．補助事業（過去に受けた国等の補助金や委託費）等の実績」「6．経費明細表、資金調達内訳」「7．審査における加点」「8．（連携して取り組む事業者がある場合の）補助事業実施体制」は、このプロジェクトチームの実務担当者と鈴木常務、総務部の内田部長と久保課長で、ダブルチェックを行っていますし、その中で皆様にご意見をいただきたい項目である「6．経費明細表、資金調達内訳」の「資金調達内訳」に関しては、別途、鈴木常務

からご説明をお願いしたいと思います。

鈴木常務：今、中田係長が説明した通り、「事業再構築補助金」申請書においては、主に、「４．事業概要」の記述に、当社の考え方や新社長の経営理念・戦略が反映されておりますので、この「４．事業概要」について、皆様で質疑をお願いしたいと思います。

山田太郎社長：その通りですね。「４．事業概要」が、私の経営理念や戦略などが浮き彫りになっていると思います。すなわち、当社は「①小売販売から卸売業への転換、②冷凍食品やチルド食品への製造の拡大、③食事部門のセントラルキッチン方式へのシフト」の戦略が、具体的に書かれています。私の経営理念やその戦略の説明だけでは、これらの内容の背景や実務面の裏付けが、どうしても皆様に届かないという心配がありました。皆様の手元にある「４．事業概要」は、この点までに触れていると思います。それぞれのプロジェクトメンバーが、文書に落とし込んでくれたことで、私の経営理念や戦略もかなり明確になり、客観性も増して、皆様にも浸透しやすいものになっていると思いました。ということで、中田係長、よろしく進行をお願いします。

2 申請書の「4.事業概要」のついての質疑

中田係長：では、資料をご覧ください。まず「事業再構築補助金」申請書のメインテーマから資料は始まっていきます。補助金の事業計画名で、「食品製造卸売業への事業転換」について述べ、その計画の概要をまとめています。「調理加工設備を新設して、卸販売と通信販売を行い、地元素材の活用と雇用の創出を目指す」というような内容です。そのためには、この「事業再構築補助金」の5つの類型のうち「事業転換」の類型で、当社の事業と企業の再構築を図るということです。この類型とその必要となる要件は、一覧表として以下に示しています。

【補助事業計画名】

地域資源を活用した総菜製造のためのセントラルキッチン新設と食品製造卸売への事業転換				
本事業で取り組む対象分野となる事業（日本標準産業分類、中分類ベース）	コード	52	中分類項目名	飲食料品卸売業

【事業計画書の概要（最大 100 字程度）】

新たに調理加工設備を新設して地元素材を使用した冷凍調理食品の製造から卸販売及び通信販売を行うことで、新たな市場を獲得して観光客の激減で落ち込んだ観光物産販売などに変わる新たな収益の柱と雇用を生み出します。

【事業再構築の類型】

事業転換			
事業再構築前の主な事業又は業種（※）		事業再構築後の主な事業又は業種（※）	
コード：56	項目名：各種商品小売業	コード：52	項目名：飲食料品卸売業

【事業再構築の類型ごとに必要となる要件】

事業再構築の類型		必要となる要件
新分野展開		①製品等の新規性要件、②市場の新規性要件、③売上高10％等要件
事業転換		①製品等の新規性要件、②市場の新規性要件、③売上高構成比要件
業種転換		①製品等の新規性要件、②市場の新規性要件、③売上高構成比要件
業態転換	製造方法の変更の場合	①製造方法等の新規性要件、②製品の新規性要件、③売上高10％要件
	提供方法の変更の場合	①製造方法等の新規性要件、③商品等の新規性要件又は設備撤去等要件、④売上高10％要件
事業再編		①組織再編要件、②その他の事業再構築要件

　さて、この「事業再構築の類型ごとに必要となる要件」の一覧表を見ることで、今回の「事業再構築補助金」申請の主な要件は、「製品等の新規性要件」と「市場の新規性要件」であり、事業再構築補助金は、国の大方針である「中小企業の生産性の引上げ」の具体的な施策であることになっています。したがって、この「事業再構築補助金」申請を行う当社としては、「日本標準産業分類における事業転換」によって、「生産性の引上げ」を図り、地域貢献・地域活性化に役立つことを明記する必要があると思いました。

鈴木常務：今、中田係長が説明した通り、この「事業再構築補助金」申請書の作成作業は、この類型の「事業転換」「業種転換」「業態転換」などの「①製品等の新規性要件」「②市場の新規性要件」に該当すると思います。「お客様や地域の真のニーズを追求し、高いビジネススキルや情報を提供できる企業になろう」という新社長の経営理念は、取引内容、販売チャネル、仕入ルート、また、製造工程などの変更であり、そのことに伴う内部組織の改編も生じることになります。今回申請の事業転換は、これらの点を強調するべきであると思いました。新社長の経営理念や戦略の具体策は、事業転換であり、「製品等の新規性要件」「市場の新規性要件」にも重なる面が多いと思っています。

山田太郎社長：確かに、私が新しい経営理念を出して、その戦略を導入することは、皆様に、今までの仕事内容やお客様のニーズをもう一度考えてもらい、それぞれに対して、変革や改善を頼みたいという趣旨もありました。そのような中から、日常業務もレベルアップして、生産性の向上を図れればよいとも思いました。この事業転換が、実務にいかに影響するかは、皆様によく検討していただき、いろいろと意見を出してもらいたいですね。事業再構築における「事業転換」の検討は、私の経営理念・戦略の実務面におけるチェックにもなりますので、有難いです。

佐藤常務：実際、営業部門としても、小売業から卸売業に事業転換することは、取引先リストや仕入先リストの対象先も変わりますし、倉庫

や輸送についても、モノの流れも変わり、社内組織や役職員の業務内容も新しくなります。「事業転換」は、「業種転換」や「業態転換」ほどには、大きな変化項目はないかもしれませんが、日常業務にも、必ず変化が生じると思います。この事業再構築補助金は、中小企業自身の生産性の引上げを狙うものであって、事業・業種・業態の転換を通して、各企業の経営革新を実践してもらいたいと、国は目論んでいるのですよね。

　ついては、当社も、事業転換に絡めて、経営革新に努めるべきだと思います。そのためには、企画段階から個々の役職員の動きや、各部署の役割などを、丁寧に見ていく必要があり、そのフォローやモニタリングも欠かせないと思います。実は、既にこの「事業再構築補助金」の申請を行った同業者の企業から、申請書においても、「生産性の向上の努力を強調するべき」との情報が入ってきています。ぜひ、事業再構築における「事業転換」の申請書（電子申請用）を叩き台にして、皆で、当社の生産性の向上について、改めて、検討し見直していきたいと思います。

中田係長：その通りだと思います。では、「4．事業概要」の説明を続けさせてもらいます。まず、「（1）事業再構築要件について」では、「製品等の新規性要件」「市場の新規性要件」「売上高構成比要件」の3要件が述べられています。「新規性要件」については、業種転換にも、業態転換にも、共通項目になっていますが、このことは、まさに、「生産性の向上」の必須項目ということを表しています。ということで、その新規性要件について、「製品等の新規性要件」「市場の新規性要件」「売上高構成比要件」の順番に読み上げますので、質問をお願いします。

（5）事業計画書 ※一部公表される場合があります。

（1）事業再構築要件について

【事業転換】

必要となる要件	要件に関する内容
1. 製品等の新規性要件	**1-1 過去に製造等の実績がないこと** 当該事業で製造する地元素材を使用した冷凍調理食品の商品は、自社の事業所内に新しく専用の調理設備を設けて、そこで惣菜加工を行って真空冷凍まで加工処理を施した状態で販売するものです。弊社はこれまで観光物産の販売や飲食を主に行ってきたので、従来扱ってきたような完成品を仕入れて販売するお土産品やその場で消費するために飲食提供する料理とは根本的に異なる商品となります。加えて、これまで販売やテイクアウトを目的とした惣菜加工の製造の実績もなく、弊社としては新しい試みとなります。 **1-2 製造等に用いる主要な設備を変更すること** 上記「1-1」のように、これまで弊社が行ってきた土産物品販売や飲食料品提供とは異なり、新たな製造工程が必要となるほか、保健所等の許可申請や品質の安全を確保するためにも専用の設備では製造は不可能で、新しく専用の設備を導入する必要が求められます。 また、今回の取り組みにおいては、地元の生産者と連携した地元素材の活用や弊社が製造しているクラフトビールと組み合わせることで、既存の市場を拡げるだけでなく、チェーンストアやホテルへの卸販売や通信販売など、これまで無かった新しい市場を開拓するという相乗効果が得られます。その為、生産規模が大きくなることから、生産者から引き取ってきた素材や自社製造のクラフトビールの保管場所として冷蔵庫や冷凍庫など新たな生産設備の新設が必要となります。 以下の「3本事業で取得する主な資産」に記載のある今回の事業で導入する設備は、新たな事業転換において生産を行うために必要になるものです。 **1-3 定量的に性能又は効能が異なること** 上記「1-1」のように、既に加工された商品を仕入れて販売するのではなく、また、その場で消費することを目的に調理された料理提供でもありません。これまでとはまったく異なる顧客を対象とする為、既存の商品と定量的に性能又は効能を比較することは困難です。
2. 市場の新規性要件	**2-1 既存製品等と新製品等の代替性が低いこと** 上記「1-1」のように、これまで弊社が行ってきた土産物品販売や飲食料品提供とは異なるため既存のものと代替ができない商品です。 また、上記「1-2」のように、地元の生産者と連携した地元素材の活用や弊社が製造しているクラフトビールと組み合わせることで、既存の市場を拡げるだけでなく、チェーンストアやホテルへの卸販売や通信販売など、これまで無かった新しい市場を開拓するという相乗効果が得られます。 現在、日光市内でクラフトビールを製造しながら惣菜加工を行っている企業はありません。そうした意味では、弊社が先んじてそこに取り組むことで市場の優位性が得られます。今回の惣菜加工の事業は弊社にとって新しい事業になります。然し乍ら、自社製造のクラフトビールという強みを活かして、自社のクラフトビールとも相性の良い地元素材をメインに使用した惣菜商品と合わせて販売することで、クラフトビール製造を行う弊社にしか出来ないまったく新しい日光ブランドが生まれます。 特に、弊社が所在する日光という観光地の市場を見れば、地元素材を活用した加工商品は勿論のこと、地元で製造された日光ブランドのクラフトビールという組み合わせは、弊社にしかこそ出来る強みであり、お土産品としての需要は高く、栃木県内の道の駅やホテル・旅館の売店など日光市内においても新しい市場が開拓できます。更に将来的には自社ホームページにECサイトを加えることで、日光市内を訪れた観光客だけではなく、国内に住むより広範囲の顧客に向けて商品販売が可能となります。 弊社の店舗においても同様で、既存の仕入れた他社との類似商品を販売するよりも自社工場で製造された地元素材を使用した商品の方が顧客の支持を獲得しやすく、食堂で料理提供することにより、これまで以上に差別化が図れます。加えて、料理提供においては調理工程も簡略化できることから、店舗屋外でのバーベキューの需要への対応も可能となり、また、オペレーションの向上により地元の高齢者の雇用拡大にも繋がります。
3. 売上高構成比要件	**3-1 3～5年間の事業計画期間終了後、新たな製品の属する事業が、売上構成比の最も高い事業となる計画を策定すること** 現状、国による緊急事態宣言に伴う不要不急の外出や移動の自粛等による影響により、現地を訪れる観光客が激減して、既存の収益の大部分を占める、観光物産の販売や飲食における収益が著しく減少してます。その中で、弊社が製造しているクラフトビールは、家飲み需要の後押しもあり、少しずつ需要が高まってます。当該事業で製造する地元素材を使用した冷凍調理食品の商品と組み合わせて販売することで、既存の市場を拡げるだけでなく、首都圏を中心にチェーンストアやホテルへの卸販売や通信販売など、これまで無かった新しい市場

を開拓するという相乗効果が得られます。それによって、3年後には間違いなく弊社の主要事業に成長すると確信してます。
そればかりではなく、自社事業所ごとに機能の役割分担や集約を行い適切な人員配置を行うことで、作業の効率化が図られ、生産性が向上して、より大きな収益や雇用をつくることが可能になります。
売上高構成比要件につきましては「4収益計画」でも詳しく記載いたします。

◆ 製品等の新規性要件

中田係長：それでは、「製品等の新規性要件」についての質問をお願いします。

製造部・田宮係長：私ども製造部は、「製品等の新規性要件」について、「地元素材の活用と当社が製造しているクラフトビールとの組合せ」や「チェーンストアやホテルへの卸販売」について、今後実行する予定と書きましたが、未だ、試行することも製造方針の変更についても固めていません。多くのケースは、「顧客相談室」などに寄せられるクレーム処理などから、顧客の新しいニーズを発掘しているということを聞きますが、当社には、そのような部署はありません。このような役割を担う部署を営業部門内などに設置するお考えはありますでしょうか。

佐藤常務：当社には、顧客クレームに対して、一元的に管理する機能はありませんね。確かに、クレームの中に、新商品開発のヒントがあります。当面は、営業部の中に、「顧客相談センター」などという担当者を置いて、そこでの情報を3部門の常務に上げて、情報の共有を図ると同時に、商品開発の材料集めの役割を担ってもらうのも、一策と思います。

鈴木常務：私としては、「顧客相談センター」を設けるならば、むしろ、「商品開発室」を設置して、関係部署より、商品開発の材料を、もっと積極的に集める方が、効果が上がると思いますが。

金子常務：「顧客相談センター」「商品開発室」は、ともに良いアイデアであり、新社長の「お客様の真のニーズを把握する」に通じますね。製造部門としては、日々の製造工程の見直しから、良いものを作成したいと思っていますが、それらの「顧客相談センター」「商品開発室」

から、お客様の実態に合った要望を聞き、調達材料や製造工程の見直しを行って、さらに良い製品を作成したいと考えています。その製品を営業部に売ってもらい、そのお客様からの反応から市場ニーズを捉えることも有難いですね。

営業部・石井課長：営業部の内部では、2月と8月に新商品提案キャンペーンを行い、良い提案には営業部長賞を授与していますが、そのキャンペーンを全社ベースで行うことも、金子常務の趣旨に合っていると思います。

山田太郎社長：このような議論は、前向きのものであり、皆が当社の商品開発について、考えていることから出てきたものと思います。私としては、「顧客相談センター」「商品開発室」や「製造開発室」また「全社商品開発キャンペーンの社長表彰制度」のすべてをスタートしたい心境ですが、この点については、当面は、佐藤常務に検討してもらうことにしたいと思います。田宮係長、良い質問をありがとうございました。では、次の質問をお願いします。

◆市場の新規性要件

営業部・石井課長：私どもは、「4．事業概要」の「（1）事業再構築要件について」における「市場の新規性要件」に関して、「クラフトビールに地元素材の惣菜を加えた日光ブランド商品を販売すること」「販路は、栃木県内の道の駅、ホテル旅館の売店、自社ホームページのECサイトとして、販促を行うこと」「自社工場で製造した地元素材を使用した料理で差別化を図ること」「店舗屋外でのバーベキュー需要への対応」「地元高齢者への雇用拡大」などと記載しました。しかし、未だに、営業担当者に個人別目標を設定することのイメージができていません。「販売商品における日光ブランドの販売比率」「日光ブランドの販売手法やツールの未整備」「道の駅・旅館・ホテルの販路の開拓」「ECサイトの未整備、担当者の不足」「自社料理の差別化策」「バーベキューの広告宣伝や推進体制の確立」「地元高齢者の採用・研修・

管理手法の確立」など、かなりのアクションプランが検討の段階で、錯綜しています。

　マクロ目標の考え方や設定方法、アクションプランの優先順位、販売商品管理と地域管理の調整、個人別・グループ別の販売目標の考え方、これらの目標や計数把握、モニタリングなどのシステム管理、などなど、当社の全体施策や目標管理体制の変更で、大きく変わることになってしまうと思われます。つきましては、早期に大きな方針の決定をしていただきたいと思っていますし、できれば、それらの検討過程であっても、途中経過の情報の提供でも、お願いしたいと思います。

佐藤常務：石井課長の言うことはわかりますが、その販路の順番や販売対象を決めるのは、営業部門の仕事であると思います。早急に、営業部門の内部で、話合いをし、営業部門の活動方針にしたいと思います。

山田太郎社長：ちょっと待ってください。佐藤常務のおっしゃることはわかりますが、石井課長の発言は、プロジェクトチームとしては、有難い発言であると思います。このような、アクションプランなどに関して、順番を決めることは、むしろ、このプロジェクトチームで議論する内容であると思います。例えば、「販売商品管理と地域管理の調整」とか「個人別・グループ別の販売目標の考え方」を、まず固めてもらい、最後に、「マクロ目標の考え方や設定方法」の数値を見ることが大切だと思います。ややもすると、数値先行で、目標達成のために、日常の業務を決定することがありますが、この動きは、むしろ困ります。目標は部内で決めるものと思い込んで、その目標の裏にある企業方針やその方向性を見失うことは、あってはならないと思います。

　最近の多くの企業の経営は、SDGs、環境問題への取組み，社会的公正・貢献、企業統治やデジタルガバナンス・コード、またDX手法などの新しい概念を含めて考慮しなければなりません。実際に、行政機関などからいろいろプレッシャーを受けています。ちなみに、私の経営理念についても、そのプレッシャーを受けながら作成したものです。「お客様や地域の真のニーズを追求し、高いビジネススキルや情

報を提供できる企業になろう」という経営理念は、SDGsの各目標を考えて、地域住民の方々の健康ニーズ（目標No.3）や教育ニーズ（目標No.4）また陸の自然のニーズ（目標No.15）や人の平和ニーズ（目標No.16）に加えて、働きがいも経済成長も（目標No.8）やまちづくりニーズ（目標No.11）また、つくる責任 使う責任（目標No.12）、パートナーシップで目標を達成（目標No.17）を包含できる理念として考えたものです。

　このように説明しますと、私の経営理念は、パッチワークのようですが、もちろん私としては、当社の実情に沿って作成したものの、一方ではSDGsに沿った営業活動に拘束されているかもしれません。目標設定と計数把握またモニタリングとそのシステム管理、すなわち、PDCAを期待することなど、実務を重視して、その裏打ちになる、各部門のデジタル化・DX化の実践も包含しなければならないと思っています。しかし、理念が先行して、実務から乖離しているかもしれません。したがって、このプロジェクトチーム内で、広い視点、新しい観点で、議論していただきたいと思います。

高橋専務：なるほど、新社長のSDGsと経営理念の関わりについて、よくわかりました。各部署や各メンバーが前年実績や同業者動向からそれぞれの目標を設定することでは、SDGsにリンクした経営理念から遠く離れたものになってしまうかもしれませんね。私が時代遅れだったのかもしれませんが、SDGsは道徳教育のテーマであり、単なるお題目のように接していました。経営にも、このように関わることとは、あまり意識していませんでした。最近では、子供向け、主婦向けのSDGsに関するテレビ番組が増えていますが、経営者の理念形成にも重視するべきということになるのですね。

　それから、デジタル化は単に事務の合理化や効率化とばかりと思っていましたが、企業内部のPDCAや業績目標・モニタリングにも欠かせないということに、気付かされました。確かに、企業全体の目標管理については、経営幹部もよく見ますが、そのフォローアップにつ

いては、担当部門長や部課長の報告に任せきりにしていますね。これ
では、モニタリングが弱くなって、次の目標設定の課題が曖昧になっ
てしまいます。とにかく、これからは、営業現場や製造現場の皆さん
の活動が、SDGsの目標に絡んで来るのですよね。ついては、当社の
役職員の活動にまで、踏み込んだフォローが必要であり、デジタル管
理ができるならば、経営の透明化や効率化も徹底するということにな
りますね。しかし、私には、このレベルまでには、パソコンやデジタ
ル機器を使いこなせないという不安がありますが……。

鈴木常務：高橋専務のご不安はよくわかりますが、確かに、デジタル化
はかなりのレベルまで進んでいますね。SDGsやESGについても、脱
炭素化の動きが国家施策になって以来、経営の大きなテーマとなって
いますね。仕入先の大企業からも、SDGsやESGの進捗状況について
の報告が求められるようになっています。しかも、その報告は、デジ
タル資料での提出が求められるようになっています。また、仕入先へ
の発注も、当社の各部門や担当者からのスマホによる注文が増えてい
ます。確かに、その後には、当社サイドの調達部や財務部に向けて、
発注履歴と請求金額が、直接、仕入先から届くようにはなっています
が。これは、当社が、その大手企業主体のDX化の一部に組み込まれ
たことになっているということです。そのことは、我々の在庫データ
や仕入先の手持ち状況が、大手企業とオンラインでつながっているか
らできることですが、おかげで、大手企業の高度なデジタル化と連携
して、その利便性のメリットを吸収できるようにもなっています。当
社の個人情報保護やハッカー防衛処理は、かなり高いレベルになって
います。ただし、当社の内部情報の洩れや独自情報の保護については、
心配な点もありますが……。これらの内部管理・システム化の変化や
課題については、このプロジェクトチームでも検討してもらいたいと
思います。

高橋専務：私も、同感です。ロシアのウクライナ侵攻から、サプライチ
ェーンの問題がクローズアップされていますが、これは他社連携と自

社の情報保護の両面の課題を抱えていますからね。環境問題やシステム化については、グローバル化でスピードも早く、我々高齢者は、ついていけない点が多くなっていますので、皆様には十分フォローしてもらいたいですね。それから、佐藤常務のおっしゃった石井課長の疑問についても、私としては、理解できますが、やはり、新社長のご意見の通り、このプロジェクトチームで考えることでよいと思いました。ところで、私のSDGsの動きやデジタル化の浸透についての質問から、本題である石井課長の「4．事業概要」における「市場の新規性要件」の話題を、脇道に引っ張り込んでしまいました。では、中田係長、「事業再構築補助金」申請書の話題に戻してください。

◆売上高構成比要件

中田係長：それでは、「事業再構築補助金」申請書の話題に戻しますが、「製品等の新規性要件」「市場の新規性要件」の質疑から、次に、「売上高構成比要件」について、私、中田から質問を行います。「売上高構成比要件」では、当社のクラフトビール関連の設備投資の事業が、当社の売上高構成比においてメジャーな業務になるということですが、この点の将来の見通しについて、お聞きしたいと思います。

　当社の施策としては、家飲み需要によってクラフトビールの販売が好調であったことを前提にして、このクラフトビールに関連する、いろいろな企画を、これからも積極的に進めていこうとされていますね。クラフトビール関連事業については、当社の各事業所の業務に浸透していくことになると思いますが、これらの点を具体的にご説明いただきたいと思います。各事務所の従来の機能や役割分担また集約度などに加えて、クラフトビール関連事業を上乗せして、収益力・販売力を高め、付加価値をアップしたいと思っています。この「生産性の向上」を図ることに対して、具体的に、いかに収益・雇用にも貢献するかなどのプロセスを教えていただきたいと思います。既に、クラフトビール関連事業は上伸する旨をこの申請書には書きましたが、各部門にお

いて、具体的な行動と雇用増加、そして、収益アップについて、さらに突っ込んで、そのアクションプランを立てなければなりませんので、詳しくお聞きしたいと思います。

佐藤常務：石井課長の言うことはわかりますが、当社のクラフトビールについては、ポストコロナになっても、順調に伸びていくものと思っています。このクラフトビールの増収によって収益や雇用のプロセスの一部は見えてくると思いますが、まだ確定できる段階にはなっていないと思います。当社は、「日光に訪れる観光客」「県内に在住する顧客」「国内県外に在住する顧客」を想定して、それぞれにきめ細かくマーケット調査と販売戦略を立ててきました。コロナ危機が始まる前から、このクラフトビールの家飲み需要を開拓し、大手商社販路やECサイトルートの拡販にも努めてきて、それなりの業績を上げてきました。

　これからは、販売・製造などの施策を積極的に推進するために、さらにきめ細かい管理を通して、製造した在庫の保管や、遠方への流通や販路の拡大、そして、工場内に保管用の冷凍庫の拡張をしたり、大手商社などとの直取引の実現などの対策も講じたいと思っています。それから、クラフトビールには、当社の卸売業への転換によって、より大きな商圏を狙うこともできると思いますし、冷凍食品やチルド食品の製造強化で、セット販売力も高まると思っています。また、食事部門のセントラルキッチン方式へのシフトで、この販路に、クラフトビール販売を重ねて、需要を一層増やすつもりでいます。それから、これらの課題や計画を実践していきますから、今後は、少なくとも、3名の新卒社員と地元のパートスタッフの雇用増加を考えています。なお、当社のこれからの需要を予測するために、日光周辺のマーケット状況や、当社の製品・商品の販売マーケット予想を石井課長に作成してもらい、次回のプロジェクトチームの会議で発表してもらいます。

金子常務：クラフトビールは、地元との連携で、高品質で需要の大きい製品となっています。地域の有機栽培の麦芽や、廃棄ロスになる地元

のイチゴなどを活用しているので、地元のファンが多く、人気商品になっています。また、地域ブランドとして、県外からのニーズも大きく、評判も高くなっています。新設のセントラルキッチンは、クラフトビール工場の敷地の一部に作り、土地代や人件費、物件費も抑えることができますので、価格競争力もあると思います。セントラルキッチンでは、ある程度まで調理して、配送するという仕組みが稼働すれば、その後、各レストラン等で仕上げ調理（加熱・解凍・盛り付けなど）を行うだけで、お客様に提供するという流れを作ることができます。この配送時に、食事や食材に合わせて、クラフトビールも届けられれば、ビールの売上も高まります。

　それから、この仕組みで、地域のレストランなどは、厨房の設備を抑え、設備にかかるコストを削減することができます。これは、各食堂・レストランは、調理スキルの高い人材の採用から解放されますから、幅広く人材募集が図れるというメリットも加わります。さらに、クラフトビールのギフト販売やビールと惣菜の合わせ販売で、当社の売上も順調に推移すると思います。雇用の問題については、地域食材の活用や地元生産のクラフトビール、また、セントラルキッチンによる地域レストラン等への料理供給などで、当社のブランドイメージは高まって、地域からの就職希望者の増加が予想されます。ただし、当社としては、セントラルキッチン、冷凍関連機器、食品加工設備、自動瓶詰め機、自動ラベル貼り機など、新設の設備関連の取扱いの人材ニーズが高まります。スキルのある新規人材採用か、既存人材の研修によるスキルアップかについては、今後の検討課題であり、その結論は急ぎたいと思います。設備投資案件と人材投入案件については、次回のプロジェクトチームの会議までに、田宮係長とともに、資料を作成したいと思います。

鈴木常務：私は、総務、財務、人事、事務部門を見る立場から、当社の新業務について、全社ベースの視点で、フォローしなければなりません。これから、クラフトビールに絡めたセントラルキッチンや冷凍食

品またチルド食品の製造、それに卸売業務への変更など、新しい事業をスタートすることになりますが、これらの事業が、当社にどのようなメリット・デメリットになるか、地域との関係にどんな影響を及ぼすか、などを、製造・販売部門とは違った目線で、見ていきたいと思います。と同時に、従来から存続する当社の業務についても、しっかり見ていかなければなりません。特に、新事業と従来事業の併走期間は、それぞれの事業に対する評価をタイムリーに把握していかなければなりませんので、新しくPDCAシステムの導入も考えたいと思っています。

　しかし、ほとんどの新規事業については、当初は、従来の事業を行っているメンバーが、新業務を上乗せして対応することになると思いますので、新業務の客観的な把握が難しくなります。そこで、この新業務の評価は、ルールを明確にして、デジタル管理をしていかなければならないと思います。そのためにも、当方の久保課長と中田係長に、新業務について、デジタルをベースにした管理を明確にして、効果測定をお願いしたいと思っています。次回のプロジェクトチームの会議までに、その測定の手法をある程度固めて、皆様には、そのPDCAの把握方法をお願いしたいと思っています。それから、当方部門のデジタルデータ関連の人材ニーズは、かなり高まるものと思いますが、どうしてもシステム関連の人材は、企業全体の組織体制やデータ管理体制が固まらないと、必要人材の人数やスキルの要請も、はっきりした数字にはなりません。

　ということで、当方の中田係長の質問から、各部門のリーダーの回答が出そろったと思いますし、また、次回のプロジェクトチーム会議までの宿題が明らかになったようです。この次の取締役会前には、「事業再構築補助金」申請書のラフなスケッチが必要になりますから、1週間後の第3回目のプロジェクトチーム会議では、もう少しレベルアップした申請書案をお願いしたいと思います。では、よろしくお願いします。

9 第3回プロジェクトチームの質疑

鈴木常務：では、これから、事業再構築補助金の申請と、経営理念検討
についての第3回目の打合せを行いたいと思います。前回のプロジェ
クトチームの会議では、次の取締役会前までに、「事業再構築補助金」
申請書のラフ・スケッチをしようということで終わりましたので、今
回は、それぞれのメンバーが作成した、「事業再構築補助金」申請書
に関する質疑を行いたいと思います。では、まず、営業部の石井課長
から、資料の説明をお願いします。

石井課長：この地区のマーケット調査を、以下の「（2）具体的な取組の
内容」にまとめてみました。コロナ禍で、売上が落ち込んだことと、
日光の観光について実態を以下の「①現在の事業の状況」で説明しま
した。

（２）具体的な取組の内容

① （現在の事業の状況）

現状、国による緊急事態宣言に伴う不要不急の外出や移動の自粛等による影響により、現地を訪れる観光客が激減して、既存の収益の大部分を占める、観光物産の販売や飲食における収益が著しく減少してます。

昨年、実施されたGoToトラベルなどの後押しもあり、昨年秋の観光シーズンは業績を回復しましたが、今年1月に緊急事態宣言が発令された後は著しく業績を下げて、弊社の収益の大部分を占める売店の今年1月から3月の売り上げは昨年の同時期と比較して40.6％減少して、単月の比較では最大63.5％減少しました。

新年度を迎えた今年4月以降も観光客の増加の傾向も見られず先行きが不透明な状況です。こうした状況の中で、今後は従来の観光客に頼ったお土産品の販売や飲食では会社の持続は難しいと考えて、今回、大きな事業転換を決断いたしました。

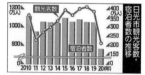

日光観光、入り込み３割減　宿泊数も44％減　コロナ禍、過去最低　2020年

2021年3月24日 下野新聞 掲載 抜粋

日光市は23日、2020年の市内観光客の入り込み数が前年比29・4％減の834万4072人で、06年の合併以降、過去最低となったことを明らかにした。宿泊数も43・8％減の185万1222人となり、過去最低を記録。観光地における新型コロナウイルスの影響の大きさが改めて示された。

同日の市議会全員協議会で、市観光課の担当者が説明した。

月別の入り込み客数をみると、政府の緊急事態宣言が発令された4月が最も少ない32万9407人で前年に比べ59・9％減った。次いで5月が69・6％減の34万64人だった。一方、紅葉シーズンの10月は5・7％増の117万1290人が訪れたものの、年間を通して前年を上回った月は10月だけだった。

地域別では日光地域が18・8％減の508万4772人、鬼怒川温泉などがある藤原地域が34・8％減の147万2272人などとなった。同課の担当者は「コロナ禍における自動車での移動需要の高まりや日光宇都宮道路の週末無料化の効果などで、日光地域に日帰り客が多かったと推測する」とした。

入り込み数は合併以降、東日本大震災が発生した11年の862万7197人が最も少なかったが、それを下回る数となった。

宿泊数も入り込み数に比例するように、5月が94・6％減の1万5928人、4月が88・2％減の2万8538人などとなった。政府の観光支援事業「Go To トラベル」もあり、10月は前年同月の80・3％、11月が87・8％の水準まで持ち直したものの、全ての月で前年を下回った。

外国人宿泊数は新型コロナによる入国制限が大きく影響し、84・3％減の1万8679人に落ち込んだ。

今年に入り、本県でも2度目の緊急事態宣言が発令されるなど厳しい状況が続く日光の観光地。同課の担当者は「コロナ禍で屋外や家族、一人などは感染リスクが低いことから観光のトレンドになっている。コロナの状況とトレンドなどを検討して対策していきたい」と話した。

（下野新聞 掲載記事より抜粋）

＜新型コロナの影響により日光市内の観光客数・宿泊者数が激減 ／ 下野新聞 2021.3.24 掲載＞
https://www.shimotsuke.co.jp/articles/-/431596

　この「①現在の事業の状況」においては、日光への観光の落ち込みが極めて大きいことを、具体的に述べました。

　当社としては、このアゲンストの状況に対して、既存の市場を徐々に拡げることから、チェーンストアやホテルへの卸販売や、通信販売などの新しい市場を開拓する意向について方向転換を考えています。

　調査については、経済産業省と内閣官房（まち・ひと・しごと創生本部事務局）が提供している「地域経済分析システム（RESAS）」などを有効に活用して、いろいろな角度から過去・他の地域との比較を行い、客観的な情報分析を行っています。

　また、当社のホームページに「ECサイト」を加えて、日光市内を訪れた観光客だけではなく、日光を知る全国の旅行好きな顧客に対し

て、商品販売を推進するべく努めています。

　新しい工夫ですが、地域貢献の一つとして、周囲の飲食店のコスト削減に協力するために、当社がセントラルキッチン方式を導入したいと思っています。さらには、観光客へのインパクトを高めるためにも、店舗・屋外でのバーベキューも、効果的に行っていきたいと計画しています。このような当社の新しい施策を「2.　具体的な取組の内容」の中で詳しく述べていくことにしました。

中田係長：では次に、石井課長の最近のマーケット動向とその対策方針のご説明に続けて、市場の強み・弱み、また機会・脅威を整理する「SWOT分析」手法の記載内容を説明します。当社の強みと弱みについては、ブランド・立地に触れ、具体的に、クラフトビールや素材を記載しました。機会と脅威としては、それらのクラフトビールや素材の明るい兆しと、既存業務の観光客に頼った土産物販売や飲食の限界について述べました。これらの分析は、「事業再構築補助金」申請書における「事業計画書」の「製品等の新規性要件」「市場の新規性要件」「売上高構成比要件」に続くことになります。田宮係長がクラフトビールに関して説明します。

（強み・弱み）

ブランド：弊社は日光国立公園に所在してます。「日光」という国内外に知名度のある観光地のブランドを活かした商品企画やマーケティングで他社との差別化が可能となります。

立地：当該事業を実施するのは、家賃等が一切発生しない自社の保有地です。その敷地内にある弊社クラフトビール工場を増設して、販売機能を兼ね備えたセントラルキッチンを設けます。同じ日光市内にありながら交通の便もよく物流や雇用においての利点がある自社の保有地に製造拠点を置くことで立地による強みを強化できます。逆に物流には不便な奥日光にある自社店舗は観光地としての機能に優れて、観光客が戻ってきた際には、自社店舗でより収益性の高い商品として物産としての販売や料理提供を行うことができます。

クラフトビール：自社工場で製造しているクラフトビールと組み合わせることで、地元ブランドのギフトセットとしての販売も可能となります。オンリーワンの自社製品と組み合わせてより地元色を高めることで他者との差別化をはかり既存の市場拡大や新規市場の獲得が期待できます。

素材：クラフトビールの製造を通じて交流を育んできた生産者との連携を図ることで、苺や柚子など日光市内だけでなく栃木県内の素材を使用することが可能となります。特に苺は▇▇▇▇▇▇▇▇▇▇▇▇▇▇▇▇▇▇▇▇規格外で出荷できないものを原料として優先的に分けてもらってます。そうした規格外の素材を商品原料として活用することで食品の廃棄ロスの減少にも貢献しています。新規事業の惣菜加工で使用する素材は、いづれも弊社と長く取引実績がありこれまで信頼関係を築いてきた生産者もしくは卸会社から仕入れます。主な仕入先は以下に記載します。

- ・ヤシオマス：▇▇▇▇▇▇▇▇▇▇▇▇▇▇▇▇▇▇▇▇▇▇
- ・ヒメマス、ニジマス：▇▇▇▇▇▇▇▇▇▇▇▇▇
- ・▇▇▇▇▇▇▇▇▇▇▇▇などのブランド加工用食肉：▇▇▇▇▇▇▇▇▇▇▇▇▇▇▇▇▇▇
- ・苺：▇▇▇▇▇▇▇▇▇▇▇▇▇▇▇▇▇▇▇▇▇
- ・▇▇▇▇▇▇▇▇▇▇▇▇▇▇▇▇▇▇▇▇▇▇▇▇▇▇▇
- ・野菜、チーズ、牛乳、調味料等：▇▇▇▇▇▇▇▇▇▇▇▇▇
- ・消耗品等：▇▇▇▇▇▇▇▇▇▇▇▇▇▇

市場：地元素材を活かした商品は、日光市内に所在する弊社だからこそ「日光」というブランドを強く打ち出せます。当該事業で製造する商品は、ギフトセットや日常品としての利用など、これまで自社のクラフトビールだけでは拡げられなかった市場を開拓する商品となります。

（機会・脅威、事業環境、事業再構築の必要性）

上記「① 現在の事業の状況」のように、現状、国による緊急事態宣言に伴う不要不急の外出や移動の自粛等による影響により、現地を訪れる観光客が激減して、既存の収益の大部分を占める、観光物産の販売や飲食における収益が著しく減少しています。新年度を迎えた今年4月以降も観光客の増加の傾向が見られず先行きが不透明な状況です。そうした状況のなかで、弊社クラフトビールは家飲み需要に後押しされ出荷を伸ばすことが出来ました。特にBtoCにおいては、関西や九州など遠方からの注文も多く、今後益々、通信販売や高級志向の百貨店やチェーンストアでの需要拡大が予想されます。弊社は、これまで奥日光にある自社店舗で関東近辺からの観光客を主に顧客の対象として収益を上げてきましたが、食品製造販売を行うことで、既存の観光客だけでなく日本国内にいる顧客を対象に市場を拡げられる可能性を感じました。更に嗜好品であるクラフトビールに地元素材を使用したブランド豚のローストポークなどのおつまみのギフトセットを提案することで市場は大きく拡がると期待されます。そうした状況の中で、今後は従来の観光客に頼ったお土産品の販売や飲食では会社の持続は難しいと考えて、今回、大きな事業転換を決断いたしました。

製造部・田宮係長：中田係長がSWOT分析手法で、当社の特徴をまとめてくださいましたが、この企画の中心は、当社のクラフトビールの生産と販売にあると思います。私どもとしては、このクラフトビールの生産内容について以下にまとめてみました。このビールは、地元の有機栽培の麦芽と、地域産のイチゴを使った製品であることから、地域の活性化になっています。このことは、SDGsの目標にも貢献し、

地域の雇用や企業間連携にも役立っています。これらの関係は、以下の図で表しています。

＜県内の生産農家より規格外の苺をビール原料として引き取り廃棄ロスの削減に貢献＞

佐藤常務：田宮係長のまとめてくれたこの図は、わかりやすく、説得力がありますね。今回の「事業再構築補助金」の資金は、まずは、設備投資に投入しますから、製造部から、そのメリットを説明していただくと、有難いですね。

製造部・田宮係長：わかりました。では、事業前・事業後というように「ビフォア・アフター」形式にて、申請書案をまとめましたので、ご意見をいただきたいと思います。

（事業再構築の具体的内容 −提供する製品・サービス、導入する設備、工事等−）
当該事業の主要な目的は、地元素材を使用した冷凍調理食品の製造販売による収益の増加です。
　その為にまずは、食品製造の機能として日光市内にある弊社クラフトビール工場（NikkoBrewing）の一部を増設してセントラルキッチンを設けます。そこで、新たに惣菜加工の免許を取得して、真空冷凍まで加工処理を施した商品をつくります。その商品の一部を、奥日光にある自社店舗　　　　　　　の売店で販売したり、食堂でメニューに加えて料理提供して既存の事業の収益を増やします。そして、その他の一部を卸販売とECサイトによる自社クラフトビールと組み合わせた通信販売を行うことでこれまでなかった市場を拡げて新しい収益を増やします。
　（事業前）食品の加工設備は無し　→　（事業後）新たな食品加工設備を導入

　我々プロジェクトチームメンバーで、当社の特徴を話し合って、このSWOT分析（強み・弱み・機会・脅威）を行いましたが、このこと

については、後日にでも、企業メンバー全員で話し合ってSWOT分析の情報を皆で共有し、納得してもらいたいと思います。特に、「地元素材を使用した冷凍調理食品の製造販売」は、社外の方々にもよく知ってもらいたいことです。地域の野菜や果物を、私どもの調理食品として、広く販売していることは、地元の生産者の皆様の励みになると思います。

金子常務：確かに、この「地元素材を使用した冷凍調理食品の製造販売」については、当社の大きなプロジェクトであると同時に、生産ラインのパートの皆様からいろいろなアイデアを出してもらったものですからね。地域の金融機関や行政機関の方々にも、地元素材を活用していることを知っていただき、この連携が地域の活性化に貢献していることを徹底してもらいたいですね。総務部の広報グループの皆様も、よろしくお願いします。この新しい冷凍調理食品が、販促手法の高度化や販路拡大により、今後の当社の主力商品になれば、当社のステークホルダーの皆様からも、高い評価が得られると思います。営業部門の人員強化になり、経営資源（ヒト、モノ、カネ）の増加になるとも思います。

製造部・田宮係長：では、製造に伴う他の課題について、説明することにします。クラフトビールの製造において、地元で規格外にて出荷できないイチゴを活用しています。

地元の生産者との連携がはかれるというのも自社の強みです。例えば、████████████████████苺を規格外で出荷できないものを原料として優先的に分けてもらってます。これまではそうした規格外の素材を商品原料としてクラフトビールの製造に活用してましたが、当該事業を行うことでクラフトビール以外にも顧客のニーズに応えられる商品を作ることができます。前述のように規格外で出荷できない素材を生産者から買い取って原料として使用することで生産者の収益を増やし、更に食品の廃棄ロスを減少させることで地元地域に貢献しています。

また、クラフトビールの出荷増加に伴う効率化のために、「手動の瓶詰め機」を「自動の瓶詰め機」に、また「手動のラベル貼り機」を「自動のラベル貼り機」に、変更して、生産能力を高めます。

現在、自社のクラフトビールは330mlの瓶で週に平均して2,000本程度の出荷を行っております。今回の事業を行えば、ギフトセットなど製造する商品とのセット販売を行うことで、自社クラフトビールの出荷も相乗効果で大きく伸びます。初年度で週に平均して3,000本、次年度以降はその倍となる週平均6,000本の出荷増を予測してます。現在よりも急増した出荷に対応する為、クラフトビールの生産能力を強化する必要があり、現在の手動の瓶詰め機とラベル張りの設備を自動式の機械に変更して生産能力を高めます。

（事業前）手動の瓶詰め機　→　（事業後）自動の瓶詰め機

（事業前）手動のラベル貼り機　→　（事業後）自動のラベル貼り機

　工場敷地内にバーベキュースペースを設けて、工場近隣住民サービスを行い、工場の製造食品とともにクラフトビールの提供も行います。営業活動ばかりではなく、地域貢献も併せ行います。

また、市場に向けた発信は販売だけでなく、当事業の実施場所となる工場敷地内にバーベキュースペースを設けて、近隣住民に向けたサービスも開始します。新しいサービスの提供と自社工場で製造した食品商品を自社のクラフトビールと合わせて提供します。

（事業前）自社クラフトビールの提供のみ

（事業後）バーベキュースペースを設けて県内観光客や地元の方に自社クラフトビールや食事の提供

石井課長：田宮係長から製造部門の事業転換について、「ビフォア・アフター」形式にて、申請書案の解説をしてもらいましたが、当然ながら、販売部門としても、事業転換を行うことにしています。私どもとしても、製造部門の製品に加えて、このクラフトビールと合わせた商品仕入を行い、ECサイトの管理や在庫管理を通して、営業の強化を行いたいと思っています。さらには、それらの製品や商品の効率的な搬送も検討することにしています。ただし、これらの販売管理や仕入管理・デリバリー管理については、デジタルデータ化を伴いますので、全社ベースで企画を行わなければならず、総務部門との情報交換をしました。この企画については、財務管理や人事管理も含まれますので、総務部門の中田係長に、その「ビフォア・アフター」形式を念頭に置きながらお話をお願いしたいと思います。

中田係長：承知しました。実際に、クラフトビールの製造と流通について、総合的に検討しますと、どうしてもデジタルデータ化の導入をすることになると思います。昔と違って、このデジタルデータ化やDXについては、会社全体を見通して検討することが必要になります。地

域や顧客・従業員などのステークホルダーや内部組織の改編、そして
ポストの権限の見直しを伴うことにもなります。例えば、今までは、
商品を仕入れる場合は、その商品によって、いくら利益が上げられる
か、ということに集中して考えましたが、これからは、デジタル化で、
その商品の仕入業務と自社で製造することのメリット・デメリットの
判断、また、商品・製品の倉庫や輸送業務での負担の軽重の判断、さ
らに、それらの業務のステークホルダーへの影響や持続可能性につい
ての判断なども、デジタル化で行うことが可能になり、そこで算出さ
れる数値による比較が必須になってきます。

　かつては、一つの部門内だけの効率判断や収益判断で間に合ったこ
とが、デジタル化による情報共有で、全社ベースや、時には、ステー
クホルダーの範囲にまで拡げて、その効果を考えるようになっていま
す。デジタル化による業務フローの検討を行うことや、ECサイトを
通した管理や商品・製品の在庫・フロー管理については、製造部門と
販売部門の絡みだけではなく、全社ベース管理となり総務部門の関わ
りを含めて考えることが、欠かせなくなってきているということです。
そこで、ECサイト・商品管理・出荷などの営業業務を、総務部門と
しては「ビフォア・アフター」形式として、以下のようにまとめまし
た。

また、より効率よく生産性を上げる為に、ECサイトの管理や在庫管理、営業の強化などを目的に、増設した一部を事
務所にしてそうした事務機能を集約して業務の効率化を図ります。

　（事業前）自社クラフトビールの提供のみ

　（事業後）バーベキュースペースを設けて県内観光客や地元の方に自社クラフトビールや食事の提供

高橋専務：確かに、デジタル化やDXが進んでいくと、各部門の業務内
容がデータで開示され、その連携状況も明らかになることから、すべ
ての部門とつながっている総務部門の仕事が多くなるということです
ね。あるいは、製造部門や販売部門のメンバーにとっては、より全社
的な視野が必要になるのかもしれません。いずれにしても、デジタル

化によって、各部門の垣根を低くして、相互連携を密にしなければならないということですね。見積りや納品業務などの事務機能に、デジタル化が進むと、広い視野によって集約するということになるのですね。とは言いながら、日頃、パソコンなどを使っていない我々には、まだ実感が湧きませんが。

中田係長：実際、今回の事業再構築における「事業転換」は、デジタルデータ化によって、従来の事務部門の効率化から、全社ベースの企業生産性の向上策へと、ウェイトがシフトすることになります。ECサイトの管理や在庫管理、また営業の強化などを目的にするならば、事務所を増設・改修して、各部門の事務機能を集約することが必要になるということです。実際、カレンダー管理、製造・営業・事務の各活動、会議進行、記録、会計などのフロー情報、その情報の編集、そしてストック業務などのデジタル化については、各部門の日常業務で行われていたと思いますが、これらは、業務を横断的に見直し、切り分けて、総務部門がその事務機能を集約することになるものと思います。

　特に、商品在庫管理や、出荷、運送業務などには、新たに、商品コードなどに基づく管理をして、どの部門もその商品コード管理ができるようにしなければなりません。それらの商品管理の次には、売掛債権、支払債務の管理や、現預金また資産変動などの資金面管理がデジタルを通して実践されなければなりません。このように、業務の範囲が広がると、当社のメンバーも、かなり広い視野が必要になりますし、専門の業務スキルも、より高度になりますので、それぞれのメンバーの研修も欠かせないことになります。

鈴木常務：今、中田係長から、当社のデジタル化によって、これからは、メンバーの研修が必要であるとの発言がありました。この研修は、当社業務の「全体の内容」と「専門的な内容」の2つになると思います。今までの研修は、各部門で、実務に沿った専門知識やスキルを先輩が後輩に教えるOJT研修で習得することでしたが、今後は、広く会社全般の業務や、ステークホルダーや地域の知識の習得も必要になると

思います。これらの研修は、各部門の中だけや、隣のセクションとの連携で実施するものではなく、全社ベースで行うことになります。それに、デジタル面のスキルアップも必要になりますから、やはり、私どもの研修部門が担当するべきと思います。その他に、将来的には、内部統制やモニタリング管理も研修しなければなりませんから、人事部の研修部門の充実を図ることが必要になると思います。この「事業転換」を円滑に行うには、研修等の準備もしなければなりませんね。

山田太郎社長：やはり、デジタルデータ化やDX化については、会社全体を見通して検討することが必要になりますね。事務処理の効率化ならば、パソコンやスマホの使い方研修で済みますが、商品在庫のフローや売掛債権・支払債務などの管理についてのデジタル化は、広範囲の研修が必要になります。商品や製品の流れや立替え資金の正確な把握については、組織改編も必要になりますし、全体・個別の目標策定やモニタリング・フォローを重視する場合などには、内部組織の改編も生じることになります。現在は、プロジェクトチームで検討していますから、総務部門が柔軟に対応してくれていますが、私の経営理念の実践やデジタル化またSDGs、環境問題の課題が加われば、企業全体を動かす大きな問題になるかもしれないということですね。

鈴木常務：その通りだと思います。事業転換の規模が小さい場合は、現状の役職員の既存の業務に上乗せしながら、多少の変更はできると思いますが、事業転換の規模が大きくなれば、当社の組織全体にも根本的な改革を実施することになるかもしれません。そのためには、当社の現状と、事業転換が進捗した場合の状況を、さらに、検討していくことにしたいと思います。

中田係長：しかし、事業再構築補助金の申請は、急ぐ必要がありますので、「経済産業省のDXの定義のイメージ」のような緻密な動きは、なかなかできないと思います。

経済産業省のDXの定義のイメージ

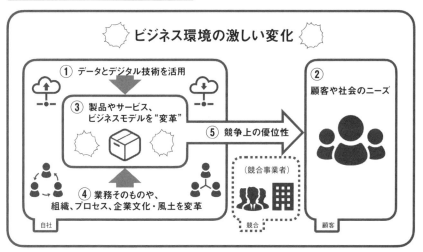

出典：アアル株式会社（https://aalinc.jp/DX-digITal-transformation_2-3/）

　私ども実務サイドとしては、ビジネスモデルや組織・プロセス改編が確立すれば動きやすくなりますが、やはり走りながら考えていかなければならないと思います。しかし、この事業再構築補助金の申請における事業計画書の記載内容は、当社の内部環境を踏まえた事業計画を策定するためには、かなり包括的で突っ込んだものになっています。「事業再構築補助金の公募要領」には、以下の内容の記載を求めています。

10．事業計画作成における注意事項

1：補助事業の具体的取組内容

（省略）

③ 補助事業を行うことによって、どのように他者、既存事業と差別化し競争力強化が実現するかについて、その方法や仕組み、実施体制など、具体的に記載してください。

④ 既存事業の縮小又は廃止、省人化により、従業員の解雇を伴う場合には、再就職支援の計画等の従業員への適切な配慮の取組について具体的に記載してください。

（省略）

２：将来の展望（事業化に向けて想定している市場及び期待される効果）

① 本事業の成果が寄与すると想定している具体的なユーザー、マーケット及び市場規模等について、その成果の価格的・性能的な優位性・収益性や課題やリスクとその解決方法などを記載してください。
（省略）

３：本事業で取得する主な資産

① 本事業により取得する主な資産（単価 50 万円以上の建物、機械装置・システム等）の名称、分類、取得予定価格等を記載してください。（補助事業実施期間中に、別途、取得財産管理台帳を整備していただきます。）

４：収益計画

① 本事業の実施体制、スケジュール、資金調達計画等について具体的に記載してください。
② 収益計画（表）における「付加価値額」の算出については、算出根拠を記載してください。
③ 収益計画（表）で示された数値は、補助事業終了後も、毎年度の事業化状況等報告等において伸び率の達成状況の確認を行います。

久保総務課長：この申請書への記載内容は、我々、プロジェクトチームの若手で作成しましたが、まだ、しっかりした事業計画書にはなっておりません。新社長の経営理念に沿った、全体を俯瞰する事業計画を策定し、同時に内部組織の改編を行い、各部門が、その部門内で個別の事業計画を作って、そのモニタリング計画まで出来上がれば、一段落だと思います。ここまでできれば、皆で一丸となって遂行できると思いますが、まだ、道半ばだと思います。とは言うものの、プロジェクトチームメンバーが頑張って、ここまで作成しましたので、各担当

者から、補足説明をお願いしたいと思います。では、営業部門の石井
課長から、当社の競争力強化について説明をお願いします。

石井課長：私どもとしては、「日光ブランドの強み」と「クラフトビー
ルによる相乗効果」を当社の競争力強化として、以下のような記載を
しました。

③ 補助事業を行うことによって、どのように他者、既存事業と差別化し競争力強化が実現す
るかについて、その方法や仕組み、実施体制など、具体的に記載してください。

（他者、既存事業と差別化し競争力強化が実現するか）

上記「2. 市場の新規性要件 2-1」のように、既存事業において、これまで弊社が扱ってきたような仕入れて販売する
お土産品やその場で消費するために飲食提供する料理とは根本的に異なる商品となるため既存のものと代替ができない
商品です。

他者との差別化という観点でいうと競争力強化の要素が2つあります。

要素の一つめは「日光ブランドの強み」です。日光市内にて地元の素材を利用して製造された商品は日光ブランドとし
ての冠を有して販売することで他者との大きな差別化になります。そうした商品を奥日光にある自社店舗▉▉▉▉▉▉▉
▉▉▉で販売できることも日光という立地の強みが活かされます。これに関しては、現在、弊社のクラフトビールも正し
い意味で「奥日光の天然水を使用した日光で作られたクラフトビール」という意味は日光ブランドを強く打ち出すこと
で自社店舗で高い収益を生み出すだけでなく、数多くの有名雑誌にも取り上げられ、その効果で、現在は、東北・北関
東で232店舗を展開するスーパーマーケットの県内すべての店舗で取り扱っていただいたり、その他に東京都内への販
路なども少しずつ拡がってきています。栃木県内に8箇所の同業他社がありながら、こうした時節にこれだけの実績を
出せたのは正しく日光ブランドを冠した強みにあります。

要素の二つめは「自社製造のクラフトビールとセット販売することによる相乗効果」です。前述用のように、日光ブラ
ンドという冠を有したクラフトビール商品と同様に日光ブランドの加工食品を製造販売する事業者は弊社だけとなりま
す。オンリーワンの市場で、例えば、栃木和牛のハンバーグと奥日光のクラフトビールセットのように、弊社のクラフ
トビールを地元素材を使用した惣菜と組み合わせて販売することで、お中元やお歳暮などのギフト商品として、これま
で弊社が既存の市場においてクラフトビール商品だけでは得られなかった顧客も獲得できます。さらに都内のチェーン
ストアや自社ECサイトでの販売といった新しい市場で大きな収益を得ることができます。

　　しかし、この競争力強化のためには、製造と販売の連携が必要にな
りますので、佐藤常務と金子常務、また田宮係長を加えて、協議しな
がら、その競争力強化の「方法や仕組み」について、以下の文章を作
成しました。特に、セントラルキッチンやクラフトビールの出荷本数
などについては、金子常務と田宮係長に製造方針などの意見を聞いて
います。

（方法や仕組み）

今回の事業は製造と販売に分けられます。これらの生産と販売管理はすべて当該事業の実施場所である増設した工場と
事務所で行います。将来的に販路が拡がり需要過多となった場合は一部商品を外部に委託製造を依頼します。既存のクラ
フトビール商品との相乗効果を見込んでいるためビール製造設備の一部を取り替えて現在よりも生産能力を高めること
も大切です。

まず製造においては、増設したキッチンスペースに専用の厨房設備を備えて、惣菜加工の免許を取得してセントラルキ
ッチンとしての機能を有します。そこに、加工のスケジュールに合わせて、県内の生産者や食肉加工事業者から素材を届
けてもらい、計画的に生産性の高い製造と出荷を行います。

自社の強みを活かしながら他者との差別化を図るため、自社のクラフトビールとのセット販売も必要です。前述のように今回の事業が軌道に乗った場合は、現在の週平均2,000本の出荷から初年度で週平均3,000本、次年度以降はその倍となる週平均6,000本の出荷増を予測してます。これまでより圧倒的にクラフトビールの生産能力を強化する必要があり、一部の製造設備を既存の手動式のものから自動式の機械に変更して生産能力を高めます。

　次に販売と営業です。前述したように、より効率よく生産性を上げる為に、ECサイトの管理や在庫管理、営業の強化などを目的に、増設した一部を事務所にしてそうした事務機能を集約して業務の効率化を図ります。

　これにより、製造や生産管理機能に加えて営業や販売機能が同じ場所に集約することで生産効率が高まり、より付加価値の高い生産性をもたらし雇用の拡大に繋げられます。

　また、前述のように市場に向けた発信は販売だけでなく、当事業の実施場所となる工場敷地内にバーベキュースペースを設けて、近隣住民に向けたサービスも開始します。工場内に新たに売店も増設して新しいサービスの提供と自社工場で製造した食品商品を自社のクラフトビールを合わせて提供します。

　また、事業再構築後の事業概要については、田宮係長と相談して以下の図を作成しました。

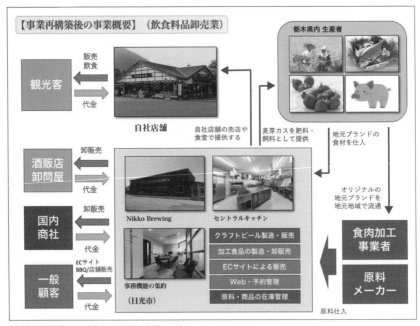

＜事業再構築後の事業概要（飲食料品卸売業）＞

鈴木常務：補助事業の申請書の記載項目に沿って、皆様が、それぞれに文書作成をしてくれて有難いと思います。本来ならば、経営者が将来に対する経営理念を示し、皆が納得する経営改善計画を作って、その

方針に合わせてアクションプランを策定するのが筋だと思いますが、当社としては、目下、新社長の経営理念を作成中です。この経営理念は、近々固まりますので、アクションプランについては、暫定的な経営理念に基づいて、策定しています。とは言うものの、新社長による経営理念は大きく変わることはない見込みであり、この補助金の申請書内容も変わったとしても微修正程度です。

　当社としては、足下の当社の業績を見るに「事業転換」は必ず行わなければなりませんから、この事業再構築補助金の制度を受け入れることは、有難いと思っています。この事業再構築補助金の申請については、次回の取締役会で正式な承認を取ることになっていますが、我々としては、ぜひとも資金調達にチャレンジしていきたいと思い、このプロジェクトチームを前回の取締役会で結成しました。我々としては、暫定的な経営改善計画を策定する方がすっきりしますが、いろいろと詰めることも多く、現実問題としては、事業再構築補助金の申請書の記載要領に沿って、申請書作成を進めていくことになっています。そのために、当社独自の経営改善計画に先立って、事業再構築補助金制度の公募要領に沿った資料を、しっかり策定することにしたいと思っています。

久保総務課長：鈴木常務としては、我々、プロジェクトチームの若手の皆さんが、この事業再構築補助金の制度の公募要領の記載内容を作成することに奔走されている姿を見て、この作業は、当社の将来のためになっていることを、再確認したいと思われているはずです。鈴木常務と私の雑談の中では、プロジェクトチームの若手の皆さんが、日常の仕事をこなしながら、かなり無理をして、事業再構築補助金の制度の公募要領の資料作成を行っていることを知っているからです。

　一方、新社長の経営理念についても、プロジェクトチームの若手メンバーはよく理解して、各人、この理念を消化して動いています。我々プロジェクトチームのメンバーは、この業務が当社の将来の方向性を決める重要な仕事であることを、皆、認識して頑張っています。

ということで、公募要領の「1. 補助事業の具体的取組内容、2. 将来
の展望、3. 本事業で取得する主な資産、4. 収益計画」について、順
番に説明を続けていきたいと思います。

石井課長：では、公募要領の「1. 補助事業の具体的取組内容」の③の
実施体制について説明します。クラフトビールの製造にセントラルキ
ッチンを加えた事務所を中心に、生産者・食肉とECサイトを加えた
顧客、また問屋・商社の連携の実施体制を強化するということです。

（実施体制）

繰り返しになりますが、生産・製造と販売管理はすべて自社内で行います。

前述のように日光ブランドこそがオンリーワンの市場を作るための大きな強みです。その強みを活かすためには、奥日光
にある自社店舗███████████との連携も欠かせず、当該事業の実施場所となる工場と役割の分担や機能の集約が大切にな
ります。在庫や販売の管理や営業などの機能を工場と同じ場所に集約することで効率化が図られ生産性が一気に高まります。
交通などの立地環境の良さもあるため、収益性を高めながら地元のシルバー人材などの雇用も増やし易いという利点
もあります。

また、地元素材を利用するためには地元の生産者との連携も必要になりますが、交通などの立地環境の良さもあるため
ワンストップの物流拠点としての機能も備えます。加工のスケジュールに合わせて、県内の生産者や食肉加工事業者から
素材を届けてもらい、計画的に生産性の高い製造と出荷を行うことができるのも大きな強みです。

中田係長：次に、従業員への配慮の問題については、総務部門が以下の
ような記載を行いました。

④ **既存事業の縮小又は廃止、省人化により、従業員の解雇を伴う場合には、再就職支援の計**
画等の従業員への適切な配慮の取組について具体的に記載してください。

現時点において従業員の解雇や事業縮小化の予定はありません。逆に前年度は採用人数を拡げて新卒者の正規雇用3名と
シルバー人材のパート雇用を2名増やしました。今年5月は同じくシルバー人材1名の正規雇用が内定しており、今年も昨
年同様、地元の大学と高校を中心に新卒者を3名以上雇用するという目標を立てて採用活動を行っております。

前述にありましたが、今回の事業の主要な目的は、地元素材を使用した冷凍調理食品の製造販売による収益の増加にあ
りますが、その先には、弊社の事業活動において地元の雇用を増やしていくということが大きな目的です。

久保総務課長：では、公募要領の大きな項目である「1. 補助事業の具
体的取組内容」の解説などに続いて、「2. 将来の展望、3. 本事業で
取得する主な資産、4. 収益計画」について、私から、説明したいと
思います。この3項目については、一般的には、経営改善計画で示す
ことになっています。この経営改善計画を策定するには、今後数年間
の売上を決めながら、内部環境分析によって利益予想を策定するもの

でしたが、最近のコロナ禍では、過去の業績や競合する他社の動向、そして、長期計画との整合性などから、売上を決定することが難しくなりました。当社についても同様ですが、「2. 将来の展望、3. 本事業で取得する主な資産、4. 収益計画」については、ある程度、客観的な記載ができますので、以下に示すことにします。また、経営理念との整合性についてもほぼすり合わせはできています。

　「2. 将来の展望」では、「日光に訪れる観光客、県内に在住する顧客、国内県外に在住する顧客」については、既に説明しておりますので、ここでは、「価格的、性能的な優位性・収益性」と「課題やリスクとその解決方法」を解説します。「3. 本事業で取得する主な資産」「4. 収益計画」については、担当部署と総務担当が数値の再チェックを行っておりますので、提出資料の抜粋部分の説明をいたします。

<u>2：将来の展望（事業化に向けて想定している市場及び期待される効果）</u>

① 本事業の成果が寄与すると想定している具体的なユーザー、マーケット及び市場規模等について、その成果の価格的・性能的な優位性・収益性や課題やリスクとその解決方法などを記載してください。

（本事業の成果が寄与すると想定している具体的なユーザー・マーケット及び市場規模）

本事業が寄与する顧客としては「日光に訪れる観光客」「県内に在住する顧客」「国内県外に在住する顧客」これらの3つが想定されます。

（価格的・性能的な優位性・収益性）

前述の「ちょっと贅沢な家飲み需要」は安価なものより少しだけ付加価値の高い商品を求めてます。自社のクラフトビールの出荷が県内中心に拡大していることがそれを裏付けてます。今回は果物や鱒といった生産者や ▇▇▇▇▇▇▇▇▇▇▇▇▇▇▇▇ からの原料供給体制を考えてます。こうした生産者や地元事業者との連携と自社製造というメリットを組み合わせることで原価を抑えて他社よりも価格的な優位性を確立します。

収益性に関しましては、前述の「2.県内に在住する顧客（家飲み需要）」や「3.国内県外に在住する顧客」に向けた地元問屋や大手商社の発信力を活用して販路を拡大していくことと「1.日光に訪れる観光客」や「2.県内に在住する顧客（アウトドア）」や「3.国内県外に在住する顧客（ECサイト）」のように自社から直接の販売やサービス提供により高い利益率で収益を上げることが可能です。上記のように横と縦の両方の側面からの市場拡大を狙います。

性能的な優位性に関しては、これまで何度も繰り返してきましたが「日光ブランド」と「地元素材」これらの活用で他者との圧倒的な優位性が生まれます。現在、地元の事業者と連携して、ビールを製造した後に出る使用済みの麦芽カスを豚の飼料や鱒の撒餌にして地元ブランドの豚や鱒を育てようという計画を進めてます。現在、弊社のクラフトビールも規格外の苺を原料として使用してますが、将来的にこうした新しいブランドが次々と確立していけば、日光ビール園や日光ブランドのECサイトなどオンリーワンの市場で自社独自のブランドを築くことができます。

（課題やリスクとその解決方法）

現状において最も重要な課題は、観光客の減少によって落ち込んだ会社の収益を回復させることです。

その為に今回の事業計画を考案して大きな事業転換を決断いたしました。

細かなところで言うと、製造した在庫の保管であったり、遠方への流通や販路などの課題もありましたが、それらの課題は、工場内に保管用の冷凍庫を拡張したり、大手商社などとの直取引を実現させることにより解決しました。

また、原料の確保に関しては前述したように、いづれも弊社と長く取引実績がありこれまで信頼関係を築いてきた会社から仕入れます。主な仕入先は「P3（2）具体的な取組の内容（強み・弱み）」に記載してますのでご参照ください。

また、重要な課題は本事業の計画を遂行する人財でしたが、そちらも今年は3名の優秀な新卒の社員を迎えたり、地元のパートスタッフを雇用することで解決しました。昨年、新型コロナウィルスの影響で厳しい時期ではありましたが、むしろそこを機会と捉えて採用枠を拡大した結果です。

そうした観点で言うと、新しい事業転換はリスクかも知れませんが、弊社においては大きな機会と捉えております。

② 本事業の成果の事業化見込みについて、目標となる時期・売上規模・量産化時の製品等の価格等について簡潔に記載してください。

事業化見込み時期：2021年10月から出荷開始。同月より収益を見込みます。

売上規模：下記の「4：収益計画（売上高構成比）」に記載します。

量産化時の製品等の価格：同一商品でないため一概に言えませんが、単品商品は800〜1,500円（税抜）。ギフトセットは3,000〜8,000円（税抜）。自社店舗での飲食提供は一人平均単価1,500円（税抜）。卸販売価格は上記価格の65%〜75%を想定します。

3：本事業で取得する主な資産

本事業により取得する主な資産（単価50万円以上の建物、機械装置・システム等）の名称、分類、取得予定価格等を記載してください。（補助事業実施期間中に、別途、取得財産管理台帳を整備していただきます。）

建物の事業用途 又は 機械装置等の名称・型番	建物又は製品等分類 （日本標準商品分類、中分類）	取得予定価格	建設又は設置等を行う事業実施場所 （1．申請者の概要で記載された事業実施場所に限ります。）
建物 設計管理料	99 分類不能の商品	██████円	栃木県日光市木和田島1564-4
建物 工事費（セントラルキッチン・事務所・バーベキュースペース・売店・在庫保管用冷蔵庫と冷凍庫の新設）	99 分類不能の商品	██████円	栃木県日光市木和田島1564-4
さく井・ポンプ工事	99 分類不能の商品	██████円	栃木県日光市木和田島1564-4

4：収益計画

本事業は、事業終了後3〜5年で、付加価値額の年率平均3.0%（【グローバルV字回復枠】については5.0%）以上、又は従業員一人当たり付加価値額の年率平均3.0%（【グローバルV字回復枠】については5.0%）以上の増加を見込む事業計画を策定していただく必要があります。

① 本事業の実施体制、スケジュール、資金調達計画等について具体的に記載してください。

② 収益計画（表）における「付加価値額」の算出については、算出根拠を記載してください。

③ 収益計画（表）で示された数値は、補助事業終了後も、毎年度の事業化状況等報告等において伸び率の達成状況の確認を行います。

（単位：円）

	直近の決算年度 [2021年3月]	補助事業終了年度 (基準年度) [2022年3月]	1年後 [2023年3月]	2年後 [2024年3月]	3年後 [2025年3月]	4年後 [2026年3月]	5年後 [2027年3月]
① 売 上 高							
② 営 業 利 益							
③ 経 常 利 益							
④ 人 件 費							
⑤ 減価償却費	0	0	0	0	0	0	0
付加価値額(②+④+⑤)							
伸び率（%）			25.2	47.0	62.4	94.2	124.4
従業員数（任意）							

鈴木常務：前回の取締役会後の短期間に、ここまで仕上げてもらい、本当にご苦労様でした。第4回取締役会では、取締役同士で、積極的に意見交換を行って、多少の調整を行うかもしれませんが、早期に、この申請書を事業再構築補助金事務局に提出したいと思います。

　一般には、事業再構築補助金を申請する場合は、認定支援機関に、事業計画の策定を依頼し、認定支援機関のリードの下に、申請企業の企画部門や担当セクションが、事業計画を策定すると聞いています。当社は、プロジェクトチームのメンバーによって、自力で、この申請書を策定しました。しかし、事業再構築補助金公募要領の「4. 補助対象事業の要件」の（3）【認定支援機関要件】についてでは、以下のように述べられています。

（3）【認定支援機関要件】について
　応募申請にあたり、以下の点に留意してください。
　ア. 事業計画は、認定経営革新等支援機関とご相談の上策定してください。
　イ. 事業計画を認定経営革新等支援機関と策定し、「認定経営革新等支援機関による確認書」を提出してください。
　ウ. 補助金額が3,000万円以下の事業計画は、認定経営革新等支援機関（地域金融機関、税理士等）と、補助金額が3,000万円を超える事業計画は、金融機関及び認定経営革新等支援機関（金融機関が認定経営革新等支援機関であれば当該金融機関のみでも可）と共同で策定する必要があります。3,000万円を超える事業計画は、「金融機関による確認書」を提出してください。
　エ. 新型コロナウイルスの感染拡大防止の観点から、認定経営革新機関等にご相談される際は、オンライン会議で行うことや、事前に電話等で問い合わせをした上でご訪問されることを推奨します。

当社としては、プロジェクトチームのメンバーのスキルが高く、上記の認定支援機関の業務のかなりの部分をカバーしましたが、当社なりの認定支援機関の依頼を行うことにしては、いかがかと思います。当社の顧問税理士の北原税理士は、認定支援機関の資格を保有していますので、「上記イ」の業務を依頼することをお願いしてはいかがでしょうか。ただし、事業計画の策定は、ほぼ当社社員が独力で作り上げていますので、北原先生には、さらに、「デジタルガバナンス・コードのコンサルティング」と、「新社長の経営理念に沿った組織改編」について、助言相談を求めては、いかがかと思います。この2点については、事業再構築補助金の申請にも重なりますので、社長のご意見をお聞きしたいと思いました。

山田太郎社長：私からも、プロジェクトチームのメンバーの皆様には、この申請書の作成にお礼を申し上げたいと思います。皆様の種々方面からの調査活動は、今後の当社の企業経営に大いに役立つものと思いました。また、私の経営理念についても、プロジェクトチームの会議や各メンバーの皆様から、いろいろなご指摘やご意見をいただき、ありがとうございました。大変参考になりました。この経営理念についても、次回の取締役会で、承認を得たいと思っています。

　それから、鈴木常務からの提案も異存ありませんので、次回の取締役会の決議事項にしたいと思います。確かに、当社は、事業再構築補助金の申請に関わる認定支援機関の委託を行っていませんでした。社外役員や会計参与などのポストも設置していませんので、社外の客観的な意見や、ビジネスの常識など、アドバイスも欲しいところです。認定支援機関の委託料にもよりますが、北原税理士に、この認定支援機関のお願いをすることも一策かと思います。次回の取締役会で、「北原税理士への認定支援機関の委託の件」を諮ることにいたしましょう。鈴木常務、北原税理士さんのご意向を聞いておいてください。

10 第4回取締役会

1 「事業再構築補助金の申請書」の事業計画書の概要

山田太郎社長：今回の取締役会では、この1か月間の業務報告と関連の質疑を行った後に、前回の繰り越し案件の質疑を行っていくことにしたいと思います。前回の取締役会では、「事業再構築補助金の申請プロジェクトチーム」の組成決議と、私の経営理念「お客様や地域の真のニーズを追求し、高いビジネススキルや情報を提供できる企業になろう」について、そのプロジェクトメンバーで検討もお願いしたいということになっています。

（営業部門、製造部門、管理部門の各リーダーから、取締役会の恒例報告として、簡単な数値報告を行って、その数値報告等に対する質疑を行いました）

山田太郎社長：前回の取締役会後、「事業再構築補助金の申請プロジェクトチーム」の会議を3回行い、その申請書の原案を皆様の前に配布しています。では、そのプロジェクトチームの活動報告と申請書の概要説明を鈴木常務からお願いします。

鈴木常務：プロジェクトチームメンバーのご努力で、「事業再構築補助金の申請書」を皆様の前に用意することができました。では、1ページ目からご覧ください。私どもとしては、新社長の経営理念も合わせ、検討してまいりましたが、ここでは、「事業再構築補助金の申請書」に沿って説明しますので、適宜ご質問やアドバイスをお願いいたします。まず、事業計画書の概要は、この申請書の目的となっています。

【事業計画書の概要（最大100字程度）】

> 新たに調理加工設備を新設して地元素材を使用した冷凍調理食品の製造から卸販売及び通信販売を行うことで、新たな市場を獲得して観光客の激減で落ち込んだ観光物産販売などに変わる新たな収益の柱と雇用を生み出します。

　ここでは、「調理加工設備の新設」や「冷凍調理食品製造機の設置」を行い、これらに関する事業によって、新たな収益の柱として、雇用を生み出したいと述べています。このことは、新社長の経営理念である、「お客様や地域の真のニーズを追求」することとしては、当社のクラフトビールに対する、お客様や地域のニーズが大きいことから、このクラフトビールのさらなる販売に沿って、調理加工設備や冷凍調理食品製造機を導入しようとすることです。この動きができることは、当社メンバーが、もともと、「高いビジネススキルや情報を提供できる能力があること」に合わせたことであり、研修などで、役職員のスキルや知識をさらにアップして、新規採用者にも、このスキル・知識などを求めようと、考えているところです。

高橋専務：私も、このプロジェクトの会議に加わって、質疑に参加していましたが、ここでのテーマは、「事業再構築補助金の申請書」に沿ったものでした。そこで、マーケットの状況や当社の強みや弱みの分析など、各論については、かなり細目まで調査や意見が求められている印象でした。ただ、私としては、この事業計画を実行することで、当社自身の企業生産性が高まっていくか、この点をもう少し詳しく説明することが重要であると思いました。

鈴木常務：確かに、プロジェクトチーム会議においては、各論については、かなり議論しましたが、当社の企業生産性向上や成長などの総論については、やや突っ込みが足りないところがあったかもしれません。どうしても、担当者は、国の定型的なフォームの「事業再構築補助金の申請書」の空白部分を早く埋めたいということに注力し、やや「木を見て森を見ず」ということがあったかもしれません。多くのメンバーは、日常業務をこなしながらのプロジェクトチームの活動をしてい

ましたので、実務に引っ張られる点もあったと思います。ただし、プロジェクトチームメンバーとしては、新社長の経営理念を常に意識していましたので、マクロ的視野も常に持っていたものと思いますが……。

2　新社長の経営理念と今後の方針

山田太郎社長：私の経営理念について、皆さんが常に意識してくれたとのこと、感謝します。実は、公募要領に書かれている「事業再構築補助金の申請書」は、この補助金を申請する企業のすべてが考えて記載する内容です。まずは、「事業再構築補助金」類型として「新分野展開」「事業転換」「業種転換」「業態転換」「事業再編」を選定し、それぞれの類型について、「①製品等の新規性要件」「②市場の新規性要件」についても記載することになっています。その後は、「1．補助事業の具体的取組内容、2．将来の展望、3．本事業で取得する主な資産、4．収益計画」の各項目を詳しく書くことになります。

　このような点は、すべて、企業の成長や経営計画策定には欠かせない検討項目ですが、その項目の記載を急ぐあまり、どうしても、マクロ的視野がおろそかになるものと思われます。これらの項目をじっくり考え、マクロ的視野を保つことは、何回も考え直すことであると思います。しかし、実務家にとっては、忙しさのあまり、この考え直しは、なかなか難しいのが現実です。まして、私からは、自分の経営理念について、それぞれのメンバーにアドバイスや意見を求めていましたので、かなりのプレッシャーになったものと思われます。しかし、皆さんは頑張って、この申請書を作ってくれました。その成果物は、当社にとって貴重な資料になっていると思います。

金子常務：確かに、この「事業再構築補助金の申請書」に対して、公募要領に沿って、種々の資料を作成してくれましたが、その内容は、新社長の経営理念を実践するときの、貴重な資料になると思います。私

の担当の製造部門についても、かなり掘り下げた内容になっていると思います。もし、新社長の経営理念の提示がなかったならば、ただだ、この「事業再構築補助金の申請書」の空欄を埋めることばかりに注力して、その内容における全体観が見失われたとも感じられます。例えば、最近売上が伸びているクラフトビールに関しても、さらなる販売増加ばかりを考え、顧客や社会のニーズ、自分たちのビジネススキルの向上をないがしろにし、考えや行動を拡げることを忘れていたかもしれません。

山田太郎社長：その通りだと思います。私の経営理念の前半の「お客様ニーズや地域ニーズ」については、そのニーズ自体を当社なりに分析し納得したいと思っていました。そこで、プロジェクト会議では、SDGsの目標に絡めて検討してもらいたく、そのニーズを深掘りすることも提案しました。それから、後半の「高いビジネススキルや情報を提供できる能力があること」については、当社が果たして、同業他社や地域の別の企業について、本当に優位なのか否かも、チェックしてもらいたいと思いました。また、今までの教育訓練の強みや前社長である現会長の施策の良さも吟味して、将来につなげなければならないと思っていました。これらの点の要請は、「事業再構築補助金の申請書」を作成することに加え、プレッシャーだったかもしれません。

吉田監査役：その通りだと思いますが、ご説明の始めの部分から、やや重い質疑になりましたね。この点については、各取締役も、ご意見があると思います。私が監査役として、普段から、取締役の皆様と、じっくりお話したいところでもあります。鈴木常務さん、これらの点は、別の箇所のご説明が終わった後に、もう一度、皆様と議論してはいかがでしょうか。

❸ 「事業再構築補助金の申請書」の概要説明

鈴木常務：では、「事業再構築補助金の申請書」についての説明を続けたいと思います。実は、この「事業再構築補助金」については、経済産業省も中小企業庁、また金融庁や各自治体も、そのホームページに申請手続きを含めて詳しく載せています。その中心の手続きは公募要領で、申請方法・記載内容まで詳しく述べられ、用途に合わせ簡単に作成できる雛形であるテンプレートまでが、掲載されています。この手順によって作成した当社の「事業再構築補助金の申請書」を、順番にご説明します。

　以上が、当社の「事業再構築補助金の申請書」の概要説明となります。では、これから皆様の質疑をお願いします。

◼ 小売業から卸売業への転換の協議

山田太郎社長：従来、当社は、自社工場でクラフトビールのみを製造し販売していましたが、どうしても、種々の観光物産の仕入販売の方がメジャーになっていました。しかし、コロナ禍で、観光客が激減し、クラフトビールの製造・販売が増えて来ると、この業務に特化する方がよいと思いました。一方、私の考えでは、周囲の観光客向けの土産物販売店は、経営者の高齢化が進んで、新規の業務には消極的になっているようです。ついては、当社は、クラフトビールの製造・販売に一層力点を置き、このクラフトビールに、食品や土産物などをセットして販売することがよいように思いました。すなわち、販売先は、一般顧客から、国内商社や酒販売店などに変更することで、小売業から卸売業への転換になりますが、この考え方については、「事業再構築補助金」の公募要領に沿った書類作成に伴う調査では、いかがでしょうか。

佐藤常務：新社長のご意見通り、コロナ禍でも、クラフトビールの販売は堅調で、国内商社や酒販売店の売上も伸びていますし、一般顧客へ

の販売も好調です。食品や土産物などをセットにして販売することも、伸びています。また、石井課長の調査によれば、周囲の小売店の動向は、「総務省の経済センサス（基礎調査）の町丁・大字別集計」では、店舗の数は、廃業や倒産などで減少しているようです。業種別の事業所や従業員の数値の低下傾向も顕著になっているようです。さらに、各県、各市町村などの「まち・ひと・しごと創生総合戦略」は、それぞれの地方自治体の行政方針が書かれ、地域貢献の方向性も見えるものですが、これでも、当地区で存続する企業は、商圏を拡げ、地域密着化に力を入れるべきだと思われます。この点からも、当社の小売業から卸売業への転換は、良い判断と思います。

山田太郎社長：それでは、「当社の小売業から卸売業への転換」については、私の経営理念の「お客様や地域の真のニーズを追求し、高いビジネススキルや情報を提供できる企業になろう」ということにも、合っていることになりますね。お客様のニーズに合ったクラフトビールの販売を強化しながら、当社のスキルアップを一層高めるということは、的を射ていると言えますね。

金子常務：私ども生産部門も、クラフトビールの製造・販売で、調理加工設備や冷凍調理食品製造機の導入やセントラルキッチンシステムの投入を企画し、その調査を行っていますが、マーケット面では問題ないと思います。

鈴木常務：しかし、小売業から卸売業への転換については、在庫負担や製造機器やIT機器の設備投資負担などで、資金負担が大きくなりますが、この点については、十分な準備が必要になると思います。実際、「事業再構築補助金」も資金調達の一つですが、全体の資金ニーズについてはこれからで、まだ固まっていませんので、検討する必要があります。

山田太郎社長：この小売業から卸売業への転換については、皆様から、貴重な意見をいただきましたが、ポストコロナや地域の経営者の高齢化によって、当社としては商売チャンスが増えてきているとも言えま

す。ただし、新規業務はリスクも大きいことから、さらなる検討をしていこうと思っています。

2 セントラルキッチンと金融機関取引の協議

金子常務：もう一つ、新社長の経営理念に沿った施策である、セントラルキッチンは、やはり当地区で大きなニーズがあると思います。セントラルキッチンとは、食品の調理工程を集中させて効率化を目指す施設ですが、コロナ禍で来店顧客が減った食堂・レストランにとって、このニーズは大きいと思います。多くの飲食店は、コックさんやシェフまた板前さんを雇いきれずに、退職勧告をしているようですし、厨房業務・サービスの縮小を求めているようです。これは、料理のアウトソーシング（委託）になり、食材仕入の効率化になっているようです。また、地域の生産者にとっても、このセントラルキッチンは、安定購入者にもなり、飲食関連雇用者の維持にもつながるようです。まして、当社の場合は、クラフトビールの合わせ販売が可能になると思います。

高橋専務：そうですね。コロナ禍で全体の需要が落ち込んでいても、それ以上に高齢経営者の飲食店数が減少しているかもしれません。都市部では、ウーバーイーツというデリバリー（配達）システムが機能して、これをうまく活用している飲食店は増収になっているとも聞きます。核家族化が進み、惣菜マーケットの一部を肩代わっているとも聞いています。食事は、外食とイエ食の2通りと思っていましたが、いろいろなパターンが出てきたということですね。そう考えると、このセントラルキッチンは、飲食店の卸売業とも言えるものです。

　飲食業界全体としては、売上が伸びないとしても、工夫している企業には勝算はあるということですか。「事業再構築補助金」の申請書作成で、地域の個別企業について、よく調べているようですが、この日光地区については、観光客が戻らない限り、マーケットは小さいですから、固定費のかかる設備投資や、大量の食品ロスが生じる仕入に

ついては、注意が必要になります。コロナ感染者が減ったり、ワクチンや治療薬が出てきたとはいうものの、新種株が出て来れば、また、需要が大きく減少しますから、注意が必要ですね。

山田太郎社長：「事業再構築補助金」の申請書作成によって、若手メンバーがSNSやホームページなどから、多くの情報を集めてくれており感謝しています。マーケットが萎縮しているときは、大きな商売チャンスとも言えますが、一方では、誹謗中傷や食中毒などの噂、またハッカーや情報漏洩などのリスクもあり、一瞬にして需要が吹き飛んでしまうこともありますので、特に、資金の前払いが伴う、設備投資や大量の在庫投資には、私としても十分注意したいと思います。また、そのようなリスク防衛のためにも、鈴木常務には、金融機関などとの親密な関係をお願いしたいと思います。

鈴木常務：わかりました。そのためには、新社長には、早期に金融機関への挨拶や、メイン銀行との取引方針を決め、また各金融機関への毎月の業績説明資料のフォーム固めなどをお願いしたいと思います。この「事業再構築補助金」の申請書についても、金融機関に「これからの当社の方針書」として提出し、今後の資金調達計画を説明する必要があると思います。

🖪 デジタルデータ化の協議

山田一郎会長：その通りだね。今までの常識では、予測できないようなことが起こってきていますから、注意する必要はあると思います。ロシアのウクライナ侵攻やエネルギー・食糧危機などは、サプライチェーンの崩壊に近く、まさに、想定外の出来事と言えます。デジタル化も、今までの常識と異なる動きが生じています。デジタル化といえば、会社の各部門の事務の効率化を図ることであると思っていましたが、各担当者の行動管理や社内の別部門間との連携、また、大手の仕入先や販売先とのネットワークの構築、金融機関や保険会社との情報連携、GビズIDなどの行政機関との連携など、大きな変化ですが、個々の

企業メンバー全員が情報の入力者となり、一方では、その利活用者にもなるということも驚きですね。私が言うのもおかしな話ですが、こんなにまで、デジタル化が進んでいることは、本当に驚きでした。積極的な活用ができたならば、本当に、経営の意思決定に大いに役立つことになったと思います。

山田太郎社長：そうですね。新会長から、デジタル化に対する評価を聞けるとは、有難いことです。私の新方針の中にも、デジタルデータ化やDX（デジタルトランスフォーメーション）を加えたいと思います。また、プロジェクトチームの若手メンバーと意見交換をして、この思いを痛感しました。では、鈴木常務、詳しく、お話をしてください。

鈴木常務：それでは、最近の総務部門の変化について、お話しながら、このデジタルデータ化の必要性を述べていきます。今までは、総務、人事、財務部門は、営業部門や製造部門の支援部隊でしたが、デジタルデータ化が進むことで、我々が全社ベースのデータを統合するようになりました。そのデータによって、当社全体の収益の増強施策ができるようになっているのです。

　営業部門で、仮に、拡大している成長分野の数値が出た場合、製造のどのラインの稼働を上げるべきかを想定し、総務の企画担当や財務の管理担当は、営業の成長分野と連携して、どんな企画や管理手法を導入するかを検討するようになります。営業分野で、人材が必要な場合は、何人の人材をどの分野に配置するかを、人事部の企画担当は、考えるようになります。営業部門と製造部門の内部の活動について、その報告の数値が総務部門に届きますと、我々総務部門が、それらの数値を俯瞰して見ながら、最適な経営資源（人、物、金）などを投入・配置するようになるのです。

　このようにデジタル化が進めば、その数値データが総務部門に届くと、総務部門が、デジタルデータでシミュレーションを行い、全社ベースの対策を講じるようになるということです。我々、総務部門としては、今までは、会社全体の報告書を作成することで精一杯でしたが、

最近では、各部門のデジタルデータの分析やシミュレーションを行い、ヒト、モノ、カネなどの経営資源の全社ベースの投入を行うようになっているのです。

山田一郎会長：なるほど、それは素晴らしいことに思えるけど、全社ベースのデータを報告書としてまとめてくれれば、その数値によって施策を出すのは、経営者の仕事であると思うけどね。そんなところまで、総務部門が行うということになってしまえば、経営者は、もういらないということかな？

山田太郎社長：いや、そういうことではなく、当然考えられる施策に関する数値予測を、総務部門が、シミュレーションするということになるのです。この総務部門の決定事項は、既に取締役会が決めておいた意思決定範囲内ということです。具体的に、総務部門が経営資源等の配布を行うとしたならば、それは、取締役会等で、前もって、その裁量の範囲を決めておいたということです。鈴木常務の総務部門は、そのような範囲内で、意思決定を行えるということです。

鈴木常務：社長のおっしゃる通りです。今まで、全社ベースの報告書を作成するために、各部門の数値を総務部門が足し算で作成していました。しかし、これからは、デジタル化でこの足し算は不要になります。総務部門としては各部門の報告書のデータに沿って、さらに突っ込んで、次の検討やシミュレーションができるようになるのです。営業部門のデータや製造部門のデータは、社内の共有情報として、我々総務部門に流れて来れば、総務部門としては、これらのデータを即座に加工し、保存することも可能になり、ある範囲内ならば、簡単な意思決定もできるようになるということです。営業部門や製造部門の了解を得ることによって、全社ベースとして、有効な情報に加工できるのです。各部門のデータ資料が、DropboxやOneDriveというインターネット（クラウド）・ツールに集められて、総務部門が見やすいように加工することも、できるようになっているのです。総務部門は従来の効率化支援部門から、戦略部門になって来たとも言えると思います。

今後の当社は、小売から卸売に転換していこうとしていますが、このようなデジタルデータ化も、大きな転換になると思います。

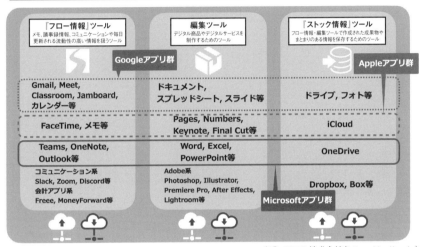

ビジネスで用いられる汎用性の高いITツール

『フロー情報』ツール	編集ツール	『ストック情報』ツール
メモ、議事録情報、コミュニケーションや毎日更新される流動性の高い情報を扱うツール	デジタル商品やデジタルサービスを制作するためのツール	フロー情報・編集ツールで作成された成果物やまとまりのある情報を保存するためのツール

Googleアプリ群　　　　　　　　　　　　　　　　Appleアプリ群

Gmail, Meet, Classroom, Jamboard, カレンダー等	ドキュメント, スプレッドシート, スライド等	ドライブ, フォト等
FaceTime, メモ等	Pages, Numbers, Keynote, Final Cut等	iCloud
Teams, OneNote, Outlook等	Word, Excel, PowerPoint等	OneDrive
コミュニケーション系 Slack, Zoom, Discord等 会計アプリ系 Freee, MoneyForward等	Adobe系 Photoshop, Illustrator, Premiere Pro, After Effects, Lightroom等	Dropbox, Box等

Microsoftアプリ群

出典：アアル株式会社（https://aalinc.jp）

吉田監査役：なるほど、今の新社長と鈴木常務の話を聞いていくと、総務部門が作成するシミュレーションに沿って、取締役会が協議をして意思決定を行うことは、当社の経営の意思決定にも大きな変化となりますね。的確でスピーディな判断ができると思います。今までの営業部門、製造部門、総務部門の縦割り的な動きや考え方にも、大転換が生じるかもしれませんね。

山田太郎社長：その通りだと思います。現在は、まだ、その水準まで進んでいませんが、デジタルデータ化が進行すれば、各部門の担当者の仕事の内容も変わっていきますし、外部の取引先とのデータ交換も大きく変化してくるものと思います。例えば、我々のセントラルキッチンの食材仕入や作業も、外部の食堂やレストランからのデジタル注文で行われると思います。その情報が円滑に入るようになれば、食材の仕入もスムーズになりますし、新鮮な料理の適量供給もできるように

なりますので、顧客満足度も高まりますね。一方、メーカーへの我々のオーダーも、当社内部の仕入・購買部門を通さず、直接、メーカーにデジタルで注文することもできるようになります。そうなれば業務のスピード化は図れますが、当然、当社のガバナンス（統治）も変わらなければなりませんし、組織改編も必要になりますね。

佐藤常務：そうですね。大手・中堅商社では、取引先と共通商品番号を交換し、その取引先の営業担当から、スマホで直接、自社の倉庫に注文を受けて円滑な保管業務やデリバリー業務を行っているようです。その場合は、後日、その取引先の仕入部・購買部または財務部・経理部に、注文の明細と請求書をメールしているようです。この注文の明細などのメールと社内データとの照合で、注文をする企業内部のガバナンスを行っているようですね。とにかく、デジタルデータ化は、企業の枠を乗り越えて、従来では考えられないような利便性の高まりを、実現しているようです。

高橋専務：しかし、我々は中小企業であり、そこまで、しなければならないのかな。

金子常務：私も、今回のプロジェクトチームの報告書作成では、デジタルデータ化についてかなり勉強しましたが、中小企業ほど、この流れに乗るべきであると思いました。仕入先への恒常的な注文では、ほとんどの場合、営業担当の言うことを仕入担当者が、メーカーや大手商社に取次いでいるのが実態のようです。当社仕入部は、大量や異例の注文以外は事後チェックを行うことで、特に問題はないと思いました。立替えの資金繰りの問題については、最近では仕入先やメーカーが配慮して期日の調整をしてくれています。事後チェックであっても、恒常先からのデジタル情報で支障はありません。デジタル化で、事務は正確・迅速になり、省力化になります。

　また、この当社からの注文明細については、先ほどお話がありました通り、仕入先から当社の本部等に情報として送られてきますから、当社の各担当者の活動内容のダブルチェックになります。さらには、

仕入先の中には、注文商品のデリバリー（運送）手配まで行ってくれるところもあります。当社にとっては、流通の合理化も図れるようになります。しかも、その商品が今どこにあるかも、スマホなどでチェックすることもできるようになっています。仕入先のデジタル化と当社のデジタル化によって、双方の利便性やスピード化が実践されるようになることもあります。このような実情を、我々経営に携わるメンバーも、よく勉強しなければならないと思いました。

山田一郎会長：しかし、あまりデジタルに頼っていると、間違いや不正のチェックができなくなるように思いますし、また、システムがダウンしたときには、顧客に迷惑をかけることになるのではないですか。

高橋専務：そうですね。今の金子常務の話では、当社の担当者が上司を経由しないまま、直接、仕入先に注文するということは、当社の情報が仕入先に筒抜けなるのではないですか。当社の情報が仕入先を通して競合先に流れてしまえば、不都合が生じることになりませんか。また、当社のシステムがハッカーの侵入リスクに晒されることも多くなるのではないですか。

山田太郎社長：会長や高橋専務のおっしゃる不安は確かにありますが、デジタルデータ化は、それらの問題点を技術の力で防止していくことで、進めなければならないと思います。デジタルデータ化に向けた当社の役職員の教育研修や、情報漏洩の統治システムの構築、また、ハッカー対策として最新の技術の研究も必要になります。当然ながら、デジタルデータ化には、このようなリスク回避の施策も講じなければなりませんが、それ以上に売上や利益への貢献が大きいと思いますので、新方針では、これらへの取組みに注力したいと思っています。

❹ 新社長の経営理念と事業再構築補助金の申請書に関する協議

山田一郎会長：話は、デジタルデータ化について、盛り上がりましたが、今日は、新社長に今後の会社の新方針を聞きたいと思います。確か、新社長は、「①当社は小売販売から卸売業に転換していきたい。②製

造は冷凍食品やチルド食品に拡大していきたい。③食事部門は、食堂から地域のレストランなどに食材などを提供するセントラルキッチン方式にシフトしたい。」と言っていたと思いますが、どの項目も当社にとって大きな転換になります。これらのことについて、もう少し詳しく説明してもらいたいですね。新社長と役員の皆さんとも、意見交換しているようですし、お願いします。

山田太郎社長：その通りですね。私が考えている当社の今後の方針について、皆様にご説明することが、この取締役会の主なテーマですし、そのために前回の取締役会以降、常務さんたちとプロジェクトチームで意見交換を繰り返してきました。私としては、最近のコロナ危機で観光客が激減し当社の業績が大きく落ち込んだことと、私どもの地域における期待と責任について、私なりにいろいろ考えてきました。確かに、コロナ禍で当社の業績は右肩下がりでしたが、クラフトビールの家飲み需要の増加と、食品製造・販売のデジタル化による関西・九州からの注文の増加という良い兆しがありました。また、観光客や地域住民との関係の深まりも重要に思いました。そのためには、観光客に限定した土産物の小売ではなく、取引先の範囲を広げ、お客様のニーズを的確にとらえる卸売業務にシフトすることが大切であると思いました。

　ポストコロナとなっても、かつての観光客のニーズがそのまま続くとは思いません。我々が生き残るためには、日光のブランド力を活用した広範囲のマーケットを狙う必要があります。また、取扱商品は、コロナ禍でも売上を伸ばしたクラフトビールと食品製造・販売のデジタル利活用商品であると、確信しました。さらには、地域の農家の皆様に喜ばれている規格外の農産物の加工販売や、地域住民に対する雇用拡大やコミュニケーションの強化がポイントだと思いました。これらを具体化するものとして、地元の素材を使用した冷凍調理食品の製造やセントラルキッチン、バーベキュースペースの拡充も、イメージしています。

高橋専務：なるほど、おっしゃることはわかりますが、「コロナ危機で
　観光客が激減し、当社の業績が大きく落ち込んだこと」への対策と、
　「私ども役員の役割や地域に対する責任」についてのつながりがピン
　ときませんでした。また、「地元の素材を使用した冷凍調理食品の製
　造、セントラルキッチンの導入、バーベキュースペースなどへの展
　開」という業務内容の変更についても、それらとの関係がよくわかり
　ません。これらの点をもう少し詳しく教えてもらいたいのですが……。

山田太郎社長：それらの疑問点は、おっしゃる通りだと思います。確か
　に、私が申し上げた今後の方針については、役職員の一人ひとりにと
　って、どのような変化があって、どのように動けばよいか、よくわか
　りませんよね。冷凍調理食品の製造やセントラルキッチンの設備投資、
　また役職員の研修などと言っても、その資金はいくらくらいかかるの
　か、その手配はいつまでに行い、どのくらいの人手が必要なのか、な
　ども不安になりますね。

　　プロジェクトチーム結成の前ですが、常務さんやその部下の方々と、
　今後の投資の方針について、非公式に話合いをしたり、アクションプ
　ランに落とし込んだ内容に関して、具体的に、どうすべきかなどにつ
　いて、ラフな意見交換をしました。そこで、提案されたのが、目下、
　政府が進めている「事業再構築補助金」の検討であったのです。その
　申請書に沿って、私の方針を、もう一度、考え直したいということで
　した。この事業再構築補助金の申請書の内容は、そもそも従来のやり
　方を変えることであり、この「事業再構築補助金の申請書」のフォー
　マットに当社のことを書き込むことは、当社の将来を深く考えるには
　良いきっかけになるとの意見が出ました。それと同時に、国からの補
　助金による資金支援は、返済負担がないことから、当社のキャッシュ
　フローに対する拘束もなく有難く、金融機関もこの申請に積極的でし
　た。実は、皆様にお配りした、私の経営理念や方針に関する資料は、
　この申請書の項目を抜粋し、そこにコメントを加えたものといえます。

吉田監査役：確かに、会社の将来の方針を話し合うということは、テー

マが大きいと同時に抽象的ですから、なかなか難しいことですね。新社長の方針は、従来の方向性を大きく変えることですから、話合いの軸がないとやりにくいですね。まさに「事業再構築補助金」における「事業転換」「業種転換」「業態転換」などは、話合いの軸となるテーマと言えますね。そう考えますと、プロジェクトチームを中心にして、「事業再構築補助金」の申請書を作成し、経営理念を見直しながら、現状や将来の問題点を抽出し、意見交換を行うことはよいアイデアであるように思われますね。

鈴木常務：その通りでして、我々常務3人はこの作業で、大変、勉強になりました。私も、財務担当ですから、資金繰りのことを考えて、「事業再構築補助金」も検討の遡上に上げていましたが、その申請書の項目を見ると、我々が詰めなければならないことが多々出ていました。普通の借入れ申込みと異なり、会社の理念や外部・内部の経営環境、ビジネスモデル、内部組織までも、詰めなければならないことになっていますので、とても参考になりました。プロジェクトチームでは、この申請書に沿って、情報交換を行いましたが、思いがけない気付きもたくさんありました。

5 新社長の今後の戦略についての協議

山田太郎社長：そこで、私の経営理念と今後の戦略方針について、皆様のご意見を、さらにお聞きしたいと思います。まず、「①当社は小売販売から卸売業に転換していきたい」ということについてです。日光地域の少子高齢化に伴う消費人口とコロナ禍による観光客の減少により、小売の売上は、長期的にも戻らないということで、このことは、どの小売店にも共通する見通しになっています。小売店の販売は来店客数次第ということになりますから、今後は少ない顧客の奪い合いになると思います。一方、当社は、クラフトビールの家飲み需要の増加と、ECサイトの食品製造販売で関西・九州からの注文の増加もあり、商圏拡大することができており、卸売への新展開が可能であると思い

ます。

佐藤常務：その通りです。営業担当者としても、クラフトビール関連の
購入が、地域外の小売店からも多くなっています。また、観光地日光
のブランドイメージか、ECサイトを通した食品製造販売品も全国か
らの注文が多くなっています。冷凍食品の宅急便ネットワークも徐々
にできており、マーケットも大きくなっていると思います。最近では、
冷凍食品から未加工の冷凍食材の販売も増加し、宅急便ネットワーク
の活用も一層増えています。この分野の販売については、同業者との
競争もありますが、当社の製造力を活用すれば、価格競争力も大きい
と思います。

金子常務：また、卸売となれば、購入先ネットワークを確立しなければ
ならないうえに、輸送網や倉庫のデリバリー手配も必要になります。
特に、輸送や倉庫については、当面は自社の余力で対応できると思い
ますが、当社は昔から、宅急便各社との関係も親密ですから、この面
の障害は少ないと思います。それから、かなり進んでいる輸送・倉庫
のデジタル管理のソフトも、既に導入しています。

山田太郎社長：私も、今回の「事業再構築補助金」申請のプロジェクト
チームの打合せで、新しい気付きがありました。実は、総務部システ
ム担当の若手の中田君のデジタル技術に、驚かされたということです。
従来は、マーケット調査というものは、我々自身が地道に情報を集め、
それを分析しなければならないと思い込んでいましたが、行政機関や
金融機関また多くの業界団体のホームページの情報を活用すれば、正
確な調査ができることがわかりました。中田君は、パソコンやスマホ
の検索機能を使って、的確な情報を外部の機関から集める方法を見せ
てくれました。この手法を、営業部や製造部の部内情報と絡めれば、
当社が欲する情報やデータの調査が短い時間で得られることがわかり
ました。

　また、営業部や製造部のデータの入力作業も、昔のように個々に入
力するのではなく、各部署の日誌や会議データの情報をうまく加工す

れば可能になり、そのことを実際に見せてもらいました。特に、経済センサスとか、RESASなどの情報は、有益であることも、実践してくれました。このことから、我々が既に持っている小売関連の情報に、外部情報を加えれば、新しい卸売の情報も、早期に充実できるものと思いました。

鈴木常務：そうですね。総務部のシステム担当の中田君の業務は全社ベースのシステム管理ですが、彼の情報管理のスキルや知識は、かなりのレベルだと思います。ただ、営業部や製造部の若手担当者の情報管理のスキルや知識も、かなり高いと思っています。また、他社とのネットワークの構築も、それほど大きなコストをかけずともできると思います。新社長とも、このシステム部門の拡充については、既に話し合っています。

山田太郎社長：その通りです。私も、プロジェクトチームの若手の皆様のインターネットや、パソコン・スマホにおける、フロー情報・編集・保存の各ツールの活用には、驚かされました。

　さて、次の戦略についてお話しましょう。「②製造は冷凍食品やチルド食品に拡大していきたい」ということです。これは、地域の生産者からの購入を増加させ、地域活性化につながることを目指します。地元素材を生かした商品は、「日光」のブランドを生かし、ギフトや日用品として、当社の今後の拡販に役立ちます。特に、クラフトビール製造工程では、関連規格外で出荷できない素材を地域の農家から引き取って、原料にすることで、食品の廃棄ロスの軽減にも役立てています。また、冷凍食品やチルド食品における、保存期間やデリバリー範囲の拡大により、商圏を拡げ、卸売力を高めることにもなります。このことは、目下、世界的に推奨されているSDGsへの貢献にもなっています。

鈴木常務：最近は、SDGsやカーボンニュートラルの施策などについて、行政機関や金融機関から、そのチェックを受けることが多くなりました。企業を指導する立場から、行政機関や金融機関はこれらの環境問

題に関する施策の徹底を図っているようです。また企業のステークホルダーへの配慮についても、要請が厳しくなっています。昔は、仕入先・取引先、従業員などを、利害関係人としてステークホルダーと言っていましたが、最近では地域全体についてもステークホルダーと定義して、ステークホルダー向けの配慮が必須になっています。上場会社や大企業のESG投資と同様に、金融機関も融資先にESG要素を重視していますから、当社の食品廃棄ロスなどの防止策は評価され、資金調達にとっても有難いですね。

金子常務：実際、地元の農家からも好評であり、パートさんの採用にも役立ちます。

山田太郎社長：3つ目の戦略は、「③食堂から地域のレストランなどに食材などを提供するセントラルキッチン方式にシフトすること」ですが、このことは、地元の同業者である土産店や食堂・レストランから感謝され、既に一部で実施しています。観光客の減少に伴う食堂・レストランの休業や営業時間の短縮などで、板前・コックさんの人件費負担が重くなり、日持ちしない食品の仕入リスクも大きくなっています。このセントラルキッチンは、地域の厨房を集合し、板前・コックさんや食品仕入のコスト負担を軽減できますし、厨房スペースの有効活用や、既存客のつなぎ止めにも役立ちますので、観光地などでは歓迎されています。

　セントラルキッチン方式は、料理や食材のデリバリーがありますので、当社としては、クラフトビールやその関連商品、また、冷凍食品やチルド食品の拡販にも相乗効果があります。既に、一部地域の食堂やレストランの間で、当社へのメール注文のシステムができています。それから、設備投資費用の節約として、このセントラルキッチンの新設場所は、クラフトビール工場の横の駐車場を予定しています。用地購入コストやデリバリーのネットワークの新設コストの負担を軽減化するつもりでいます。この計画によれば、当社は、投資効率もよくなり、新規事業リスクも軽くできると思います。

6 新社長の経営理念と主要戦略、事業再構築補助金申請に対する決議

高橋専務：新社長のお話はよくわかりますが、そのような事業転換の3つの案件を同時に行うことは、資金面でも人材面でも大きなリスクが伴うのではないですか。特に、人事面では、少子高齢化で、地元からの採用はかなり難しいのではないですか。また、資金調達面の手配も厳しくはありませんか。

山田一郎会長：新社長の3つの戦略については、どれも新しいことであり、ヒト・モノ・カネ・情報の経営資源の手配がどうなるか心配ですが、常務の皆様やその部下のメンバーとも、十分話合いを行っているようですし、かなり話も詰まっているようにも思いますが。ただし、高橋専務の言うように、3つの戦略を一緒に行うことは難しく、予想の売上を数字に落とし込んだ計画や、戦略の時系列の売上スケジュールなど、詰める必要があるかと思うのですが……。

山田太郎社長：おっしゃることは、ごもっともです。しかし、コロナ禍やロシアのウクライナ侵攻により経済環境は大きく変わってきていますので、過去の売上の傾向値によって将来の売上を想定する手法や、競争企業の売上を凌駕する予想売上の数値を作成したり、長期計画を展望しての足許の売上計画の策定などは、現在は難しくなっています。実際、「事業再構築補助金」の公募要領でも、今までの経営改善計画のキーワードである売上予想については、あまり細かく求められていません。「補助事業の具体的取組内容、将来の展望、本事業で取得する主な資産、収益計画」という点を記載しなければなりませんが、とにかく、企業の事業プロセスと収益計画の他に、かつてのように、売上予想は、この採択の条件にはなっていません。

　コロナ禍やロシアのウクライナ侵攻による経済環境の急変の時には、成功の見通しがある施策は積極的に実践し、デジタル化によって、その計画は部門計画・個別計画まで落とし込み、スピーディに対応することが重要であると思います。デジタル化によって、PDCAを早めようということです。私の戦略は、クラフトビールの販売を拡大する

ことで、第1戦略の「①当社は小売販売から卸売業に転換する」、第2戦略の「②製造は冷凍食品やチルド食品に拡大する」また、3つ目の戦略の「③食堂から地域のレストランなどに食材などを提供するセントラルキッチン方式にシフトすること」は、それぞれ有機的に結びつけることができると思っています。3つの戦略はバラバラではなく、結びついていると思っています。

佐藤常務：新社長のおっしゃることは、「事業再構築補助金」の申請書作成の調査でも明らかになっていますね。クラフトビールばかりではなく、その関連商品の購入は、地域の食堂からも多くなっており、半加工の料理へのニーズもあります。例えば、ウーバーイーツ（Uber Eats）などの新しい手段を使えば、輸送も効率化されますね。デリバリーのネックが解消されれば、セントラルキッチンへの注文も大きくなると思います。これは、数値ではまだ出ていませんが、廃業する飲食店などの顧客からの注文は増加しているように思われます。また、石井課長のグループに、総務省の経済センサスのデータに基づいて、地域ごとに食堂やレストランの実態調査を行ってもらっていますが、テイクアウトのニーズや半加工料理へのニーズは堅調のようです。

金子常務：我々も総務部の久保課長や中田係長と一緒に相談しながら、「事業再構築補助金」の申請書の「本事業で取得する主な資産」（122ページ参照）の表を作成しました。個別の設備や人材の数やスキルイメージまで想定し、積上げ方式にて作表しました。また、「収益計画」についても、新社長の経営理念に沿った説明を、「事業再構築補助金」の申請書作成時に試みました。この「事業再構築補助金」の申請書は、公募要領によって、かなり細目まで検討しなければならず、今後の施策に対する突っ込んだシミュレーションを行うことができたと思います。

鈴木常務：実は、「事業再構築補助金」の申請書については、金融機関からの資金調達と異なることがあります。金融機関からの資金調達については、金融機関が承認を出せば、資金は手元に入りますが、この

「事業再構築補助金」は、申請が採択されても、補助事業の実施・実績の報告がなされた後に少し遅れて資金交付されることになっており、資金繰りが立てにくい点があります。ですから、金融機関と情報交換を密にして、良好な関係を作っておく必要があります。そのためにも、「事業再構築補助金」の事業については、すべての施策を固めてから動き出すよりも、動きながら柔軟に対応することが必要になると思います。とは言うものの、この「事業再構築補助金」の申請書は、プロジェクトチームの報告からおわかりのように、かなりの方面の調査が必要になりますし、内部管理体制の構築も欠かせませんから、連れて、金融機関の融資審査は、通りやすいと思います。私としても、佐藤常務や金子常務と同様に、プロジェクトチームが作成した申請書案と、新社長の経営理念や戦略で、進み始めることにしたいと思います。

高橋専務：確かに、これらの課題について、さらに調査を行うとしても、今後1～2か月で、どのような企画書ができるか、そのイメージは立ちません。その間に、「事業再構築補助金」の申請書や公募要領が変わってしまうことも考えられます。それから、新社長の経営理念は、「事業再構築補助金」の申請書と親和性があるとも思われますものの、大きな戦略・命題を3つも実施するのですから、さらに緻密な検討も必要かもしれません。しかし、我々がさらに時間をかけて、種々検討したとしても、今日の申請書や、新社長の経営理念は大きく変わることもないと思います。新会長は、もう少し時間をかけて検討して、調査や外部環境・内部環境の分析を深め、申請書をレベルアップした方が良いと思われますか。

山田一郎会長：新社長の承認を急ぐ気持ちはわかりますが、これだけ大きな問題を即断即決することは、私としては、なかなか難しいと思います。ただし、私自身、このような取締役会や、プロジェクトチームによって皆で検討することはしてきませんでした。大きな問題を意思決定する時は、静かな場所で自分一人で考え、多くの人と雑談をしては、種々の情報を得て、悩みました。結局は、期日や期限が来てしま

い、いろいろな決定をしていました。今のようにデジタル化が進んでいませんし、私もインターネットを使いこなせませんでしたから、情報量も少ないし、何と言っても行政機関や金融機関また業界各社のホームページも充実していませんでした。そして、地域などの社外情報もなく、SDGsやESGまたGXなどの情報も、遠い世界の問題と思っていましたが、今はそれらの情報もデジタルデータ化により簡単に取ることができるようになりました。

　思い起こせば、私としては、これらの情報や、ヒト・モノ・カネの経営資源も多様となって、それぞれのことを考えて、意思決定に至ることは本当になかったと思います。皆様には、私の情報不足で、ご迷惑をおかけしたかもしれません。かつての私は、ひらめきで意思決定をしていたかに見えたかもしれませんが、それなりに、大きな不安を持っていたことも事実なのです。しかも、皆様に動いてもらわなければならないので、細かな点や不安な点を思いつくままに、指示していたと思いますし、時には、大声になったかもしれません。やっとのことで、企画が動き出したとしても、その後、四半期や半年・1年後の中間管理、すなわちモニタリングを行いたくとも、そのフォロー体制ができておらず、ストレスを溜めることも多々ありました。そこで、また新しい指示を出すということもあり、皆様には、一貫性がないと思われたかもしれません。

　そこで、本日の取締役会の協議を振り返るに、皆様が頭と体を動かして、よく考え、意見を出してくれていることがわかりました。新社長の経営理念や戦略は、必ずしもベストではないかもしれませんが、アクションプランをそれぞれの常務さんや部課長さんが持ってくれており、モニタリングも、次回以降の取締役会で報告してもらえると思います。私が独断専行で決めていた時よりも、リスクは少なくなっていると思います。問題点があれば、修正は可能であると思います。ということで、私としても、新社長の経営理念や戦略、そして、「事業再構築補助金」の申請書の行政機関への提出については、賛成したい

と思います。

山田太郎社長：会長、ご示唆に富んだご意見をどうもありがとうございました。私としても、反省する点に気づかされ、皆さんもそれぞれ思うことがあったと思います。では、このあたりで、「私の経営理念や戦略」と、「事業再構築補助金の申請書の行政機関への提出」についての決議をしたいと思います。付帯条件としては、「今後の取締役会において、それぞれの案件についての経過報告を行い、本件に関する協議の時間を持つこと」ということにしたいと思いますが、いかがでしょうか。挙手にて、賛成を取りたいと思います。

（満場一致で賛成）

山田太郎社長：ありがとうございました。皆様のご指摘やご意見を大切にしながら、「私の経営理念や戦略」と、「事業再構築補助金の申請書の行政機関への提出」について進めてまいりたいと思います。それから、皆様にお諮りしたいことが、もうひとつ、あります。

　それは、当社の顧問税理士の北原良夫税理士を、当社の認定支援機関に選任したいということです。事業再構築補助金の申請については、その事業計画は、認定経営革新等支援機関と相談し策定し、「認定経営革新等支援機関による確認書」を提出することになっています。その他、この認定支援機関には、「デジタルガバナンス・コード」と、「新社長の経営理念に沿った組織改編」について、助言相談を求めたいと思います。

　北原良夫税理士は、全役員がよくご存知の、10年以上当社の顧問を務める税理士であり、認定経営革新等支援機関の資格も保有しています。既に、税務以外の経営関係の相談助言をお願いすることもありますが、これからは、正式に認定経営革新等支援機関の契約を結びたいと思います。当社は、社外役員も会計参与もおりませんので、北原先生には、いろいろな助言相談をお願いしたいと思っています。ご意見やご質問はございますか。……もし、特にございませんようでしたら、挙手にて、賛成を取りたいと思います。

（満場一致で賛成）

山田太郎社長：ありがとうございます。近々、北原先生にご挨拶をお願いしたいと思います。では、これにて本日の取締役会を終了いたします。活発なご意見、ありがとうございました。またプロジェクトチームの皆様にも、この短時間の間に会社の種々の課題を検討してこの申請書をまとめてくれたことに、感謝いたします。

鈴木常務：これから、「新社長の経営理念や戦略」と、「事業再構築補助金の申請書の行政機関への提出」について、実行に移すことになりますので、皆で、頑張っていきたいと思います。私としては、早速、金融機関との交渉に入っていきます。

（取締役会は終了し、全員解散）

第**3**章

取締役会の役割と「事業再構築補助金」申請の進め方〈事例２〉

1. 有限会社石田印刷の「事業再構築補助金」申請に伴う経営の大転換

　当社は、兵庫県姫路市にある印刷会社で、最近の売上は縮小傾向になり、社長は、抜本的な対策を講じなければならないと思い、相談相手の副社長と将来の会社運営について意見交換を始めました。

1 石田社長と中山副社長による経営大転換の方向性の決定

　当社・有限会社石田印刷は、1993年設立後、住宅会社や不動産会社に対して、集客イベントやチラシ活用で、販促等の企画提案を行ってきました。その企画提案力が当社の強みで、従業員の大半もデザイン関係の学校の卒業生です。しかし、主要業務は、紙媒体の広告で、これら業務は、最近は縮小傾向になっています。そこで、社長は、抜本的な対策を講じなければならないと思い、副社長と相談して、「事業再構築補助金」の申請をすることになりました。

　いままでは、経営方針は社長が独自で決定し、時々、副社長がその相談にのるという、意思決定パターンがほとんどでした。その社長と副社長のプロフィールおよび話合いの内容は、以下の通りです。

石田社長：1965 年岡山県生まれ。

1983 年岡山県立高校を卒業後、東京の私立大学の経済学部に入学、1987 年に卒業し、大手広告代理店に就職。

大学時代は広告研究会で幹部として活躍。1993 年、当社を設立し、今日に至る。主に営業部門を担当。

中山副社長；1967 年岡山県生まれ。

1985 年岡山県立高校を卒業後、大阪の国立大学の工学部に入学、1989 年に卒業し、大手広告代理店に就職。石田社長は高校と大手広告代理店の 2 年先輩。1993 年に石田社長の誘いで、当社を設立し、今日に至る。主に、技術部門を担当。

石田社長：中山副社長、私は、最近の当社の動きを見ていると、危機感を感じてしまいます。最近のコロナ危機で、三密防止やテレワーク化・デジタル化による対面営業に対して今までの経営では限界を感じています。感染症による営業活動の制約は、広告宣伝業界にとって、いよいよ大転換の時期と感じるようになりました。また、ロシアのウクライナ侵攻による、サプライチェーンのネックで経営に対するリスクを感じるようになっています。足許における、当社の直近の販売動向は、順調とは言えず、大きく変えていかなければならないと思い始めました。今まで行ってきたような、皆の努力や業務の工夫だけでは、この逆風は乗り越えられないと思います。

《事業分野別売上高》　　　　　　　　　　　　　　　　　　（単位：千円）

	2018 年度	2019 年度	2020 年度	2019 年比増減
①チラシ類	129,071	117,364	75,562	35.6%減
②折込・ポスティング	40,387	38,195	28,916	24.3%減
③冊子・カタログ・パンフ	7,547	11,891	17,725	49.1%増
④封筒・はがき・伝票・名刺	22,876	16,399	14,258	13.1%減
⑤デザイン・制作のみ、看板	10,547	16,057	10,739	33.1%減
⑥18-print（ネットからの名刺受注）	16,902	16,436	11,662	29.0%減
⑦Web、動画、VR 制作	5,575	17,865	31,836	78.2%増
⑧その他	54,197	50,583	43,743	13.5%減
合計	287,102	284,790	234,441	17.7%減

　　最近の当社の事業分野別売上動向を見れば、ほとんどの分野で、低下しており、伸びているのは、「③冊子・カタログ・パンフ」と「⑦Web、動画、VR 制作」の2つの分野だけです。この成長分野は、デ

ジタル化やSDGs・ESG・GXなどの広範囲のコンテンツの取り込みが欠かせず、私の情報収集力では、限界を感じるようになってきています。

中山副社長：実は、私も不安を感じています。主に管理部門や技術部門を中心に、当社の動きを見てきた私としても、やはり危機感があります。役職員は、最近、仕事に没頭できないようです。当社のメンバーは、もともとデザインの勉強をしてきた者が多く、彼らの仕事の内容が、どうも雑事と感じるような仕事になっているようです。自分の好きな仕事に没頭しているようには見えません。当社の売上で大きなシェアを占めている、チラシや折り込みまた名刺・看板の作成などは、彼らには刺激がないようですね。もちろん従来の作業の改善を求め、新しいマーケットの拡大を要請したとしても、なかなか、デザインやデジタルの勉強をしてきたメンバーのやる気をアップさせることは難しいように思います。

石田社長：なるほど、最近売上が伸びている「Web、動画、VR制作」の部門は、当社のメンバーにとっては、良い刺激のある業務なのかもしれないね。売上が伸びることはマーケットニーズが大きいとばかり思っていたが、当社のメンバーのやる気によっていたのかもしれないね。そのやる気によって、取引先のニーズを掘り起こすことができたとも考えられるね。では、この部門の業務に特化することこそ、当社にとっては、新しい施策になるかもしれないね。この部門については、道具や機器であるドローンやデジタル機器のスキルのアップが必要になり、営業活動も取引先も変わってくるということになるのかな。確か、中山副社長も、「Web、動画、VR制作」のドローンや新型カメラの研究をしていましたよね。

中山副社長：そうです。最近のドローンやVR機器の性能は高まっていますし、当社は競争力もあるので商売チャンスも大きくなってくると思います。ただし、それらの機器の扱いについては、担当者に任せることが多くなり、今までの社内の組織・体制による管理内容も変わり、

従来の紙ベースのチェックでは通用しなくなると思います。その扱いのための研修も必要になると同時に、業務管理の手法も変わってくると思います。

石田社長：ということは、この機器を活用することによって、当社の販売力・競争力は高まるものの、そのドローンやデジタル機器の購入、人材の投入や研修も必要になり、費用もかかるということですか。実は、先日、商工会議所の勉強会で、私は、「事業再構築補助金」の情報を得ました。事業転換や再構築関連の費用を、国が支援するという補助金でした。この制度を利用することも一策かもしれませんね。

中山副社長：私も、「事業再構築補助金」の件は知っていますが、これは「事業転換」や「業種転換」などの資金支援で、我が社のように昔の取引先と仕事を続ける場合は、対象外になって、該当しないのではないかと思いますが。確かに、「事業再構築補助金」の申請は、当社にとっては、事業内容の見直しになりますし、この申請書を役職員全員で作成することになれば、皆の勉強にもなりますので、有難いと思いますが……。実際に、その補助金で、ドローンやVRカメラの購入、その研修費用をまかなうことができれば、それは助かりますね。

石田社長：いやいや、ドローンやVRカメラを利活用した業務を、当社全員で行うことになれば、これこそ、「事業再構築補助金」の「業態転換」の類型に該当すると思います。当社の業務転換が、この「業態転換」になるならば、当社としては、ぜひ、この補助金の導入を検討したいですね。副社長、私は、当社の動きは「業態転換」で「事業再構築補助金」の申請に該当すると思いますので、もう一度チェックをしてください。

中山副社長：（「事業再構築補助金」の公募要領と申請手続きをチェックした後に）社長のおっしゃる通り、当社の場合は、多くの役職員が「Web、動画、VR制作」のドローンやVRカメラを利活用し、その事業に全社が転換することになりますから、まさに、「業態転換」になるものと思われます。ということで、当社全体の事業をドローンや

155

VRカメラ業務に転換することですから、「事業再構築補助金」の「業態転換」の申請を行うことは、可能であると思います。

石田社長：では、直ちに、皆に連絡して「事業再構築補助金」の申請書の作成に入りましょう。まさに「思い立ったが吉日」ということですね。実は、「事業再構築補助金」の採択事例紹介の内容を見ますに、これは、社長や経営者が作文をしたり、コンサルタントや認定支援機関に依頼して作ってもらうものではなく、当社の役職員が皆で手分けして作るもののように思いました。申請書を作ればよいというものではなく、作成後に皆で、その申請書の内容を協力して実践することのようです。実践したら、モニタリングを行い、さらに良いものにしていくことが必要であるようです。

中山副社長：その通りだと思います。そこで、一つ提案があります。この「事業再構築補助金」の申請にあたり、皆で、経営改善を図ることにしたいと思います。と言いますのは、今までは、当社の経営の意思決定は、社長と私で決めることがほとんどでしたが、今後は、少なくとも経営幹部が中心になって、PDCAを回していくことが必要になると思いました。当社の斉藤専務、西田常務、松田取締役を加えた取締役会を活性化したいと思います。メンバー全員で話し合って遂行していくことにしたいと思います。そのためには、取締役会を実態のある合議制の会議にすることが必須と考えられます。取締役会を名実ともに意思決定の場にするということになりますが、いかがでしょうか。

2 新しい取締役会に向けて

石田社長：中山さんの言うことはわかりますが、これは経営の大転換ということになりますね。

中山副社長：そうかもしれませんが、実際、これから、ドローンやデジタル機器を活用した仕事を行うことになれば、従来のような、紙ベースの稟議書や行動申請書による役職員管理は実際にはできなくなると

思います。個々の仕事の専門性が高まれば、その仕事の可否について
も、担当者に任せなければならなくなります。現場に近い上司が、部
下の行動に対して統制をしなければなりませんが、そのときには、経
営者の意向を十分に理解していなければなりませんし、経営者も、そ
の決定を信頼しなければなりません。そのためには、社長と私のコン
センサスや意思決定を、全役職員が共有し、全社ベースの行動に統一
性が必要になります。まさに、内部統制がしっかりできていなければ
ならないということです。従業員が、具体的に行動するにあたり、臨
機応変に柔軟な対応が必要となり、その行動は、経営者の指示や方針
に沿っていなければならないということです。仕事の現場は、トップ
の意向を踏まえて、柔軟な解釈や対応を求められることになりますね。

石田社長：それは当然のことだと思うけど、今までも取締役会を行って
いましたが、どこが違うのかな。

中山副社長：従来の取締役会は、社長や副社長の報告会のようなもので、
情報は一方通行であり、皆で協議したり、決議を行うこともほとん
どなかったと思います。これでは、参加している各役員が、社長などの
意向を十分理解し消化できなかったと思います。会社の決定事項を自
信を持って部下などに伝達できず、部門計画もその後のモニタリング
も円滑にいかなかったように思います。デジタル化で施策のスピード
が増し、外部メンバーのステークホルダーへの対応も欠かせませんか
ら、当社内の役職員同士の相互の情報交換が密になることが必要とな
ります。そのためにも、相互の意思疎通が深まる報告・協議・決裁を
伴う実効性のある取締役会が欠かせないと思います。

石田社長：わかりました。その他にも、デジタル化やSDGs、環境問題
などの情報については、社長や経営幹部の入手情報だけでは不足して
いることは、最近、痛感しています。行政機関や金融機関また同業者
のホームページそしてSNSの情報は、待っているだけでは入ってき
ませんね。全役職員がアンテナを高くして、情報収集に努めなければ
入手できませんし、その情報交換の機会や場も必要ですね。取締役会

では、それらの貴重な情報の交換も重要ということですね。今後は、取締役会を実効性のあるものにしていきましょう。では、第1回目の取締役会に向けて、副社長の意向を教えてください。

中山副社長：私としては、「事業再構築補助金」の公募要領と申請手続きをチェックしましたが、この記載内容に沿って、当社の役員などが、申請書を作成し、その内容を、第1回の取締役会で発表し、皆で協議してはいかがかと思いました。この公募要領の事業計画の内容は、当社の全体の業務を俯瞰しながら、日常業務の重要性を把握するには、有効であると思いました。「善は急げ」ですから、皆が割り当てた申請書を書き終えた頃に取締役会を開くことではいかがですか。

石田社長：しかし、斉藤専務、西田常務、松田取締役に、このような課題を与えて、うまくいくか、それは心配だね。社内の会議においては、あまり発言もしないし、マクロ感もあるとは思えないのだけれど。中山副社長は、そう思わないのかな。

3 認定支援機関による「事業再構築補助金」申請手続き指導と取締役会

中山副社長：そうですね。社長のおっしゃることはよくわかります。実は、この「事業再構築補助金」の公募要領の補助対象事業の要件に、「事業計画を認定経営革新等支援機関と策定すること」という条項があります。私としては、この認定支援機関に「事業再構築補助金」の申請手続きの支援を依頼するのであれば、私ども自身が、そのコンサル内容を明確にするべきであると思います。具体的には、私を含めた当社の役員へのコンサルやアドバイスを、この認定支援機関の方に個別にやってもらうことにしてはいかがかと思います。

石田社長：それは、良い意見であり、全く同感ですね。一般に、コンサルタントとかアドバイザーに依頼すると、それですべてOKと思っている経営者が多いようだが、それは大きな間違いですよね。確かに優秀なコンサルタントは、書類の作成などは、うまいかもしれないけど、

実際に動くのは当社のメンバーですし、モニタリングを通して、行動の修正をするのも当社サイドですからね。その点は、副社長からも徹底しておいてください。ちなみに、認定支援機関は、当社の顧問税理士の安田先生にするのですか。

中山副社長：そのつもりです。安田税理士は、多くの顧問先を支援していますし、今までも当社の経営に的確なアドバイスをしてくれました。また、安田税理士事務所には、中小企業診断士などの先生もいますし、スタッフの方々も優秀で、地域金融機関とも親交があるようですね。この「事業再構築補助金」の公募要領における認定支援機関は、安田先生がよいと思います。

石田社長：了解しました。では、副社長が安田先生とよく相談して、この「事業再構築補助金」申請書の作成作業の計画を作ってください。その作業においては、安田先生が、斉藤専務、西田常務、松田取締役に対して、良きアドバイスを行うことをお願いしてください。ただし、斉藤専務、西田常務、松田取締役自身が、その申請書の下書きを行うことを徹底しないといけないと思います。

中山副社長：その点は注意することにします。実際に、当方で書類の下書きを作成することにしなければ、安田先生のコンサルスケジュールや予算算定もできませんので、皆に徹底することにします。

中山副社長と安田認定支援機関（税理士）との「事業再構築補助金」申請書作業の打合せ

安田一郎認定支援機関

1965 年生まれ。

大学卒業後、地元大手税理士事務所に勤務し、税理士試験合格後、35 歳で独立・開業。2017 年に認定支援機関に登録。事務所には、税理士 2 名、中小企業診断士 1 名のほか、スタッフが 5 名おり、顧問先には月次訪問を行っている。地域金融機関の信頼も厚く、守秘義務を励行しながら、情報交換を密に行っている。

中山副社長：この度は、当社が申請を計画している「事業再構築補助金」の件について、先生に認定支援機関として、ご支援をお願いしたいと思います。私どもとしては、各役員がそれぞれ担当を決めて、この申請書を作成しますので、ぜひともご支援をお願いします。

安田認定支援機関：わかりました。私は御社の顧問をずっとさせていただいていますので、喜んでお受けしたいと思っています。他の会社でも、この補助金の認定支援機関をやっていますので、公募要領など、既に精読しております。中山副社長は、「事業再構築補助金」について、よくご存じだと思いますが、その公募要領については、社内の種々の状況や沿革について、記載しなければなりません。私自身が申請書の原案を作成するか否かは別として、それぞれの業務担当者から、直接、日常業務についてヒアリングをしなければなりません。皆様と、その対話の時間を取っていただきたいと思います。

中山副社長：安田先生のおっしゃることは当然だと思います。普段から、社外に公表するような文章を書いていないと、文章を書くことに抵抗がありますし、他人に説明しないと、どうしても思い込みもありますので、先生には、ぜひ、各役員と対話の時間を取っていただきたいと

思います。そして、「事業再構築補助金」の申請書に書かれた計画については、当社全員で実行をしなければなりません。今後、各役員とも、自分たちの部署に適した部門計画を策定して、時には個人別の計画も作成し実行することになります。それから、資金調達を行うためには、プロの銀行員や行政機関の補助金担当者に書類を上げることになりますから、皆、緊張してしまい、先生のような専門家に書類の丸投げをしたいと思うかもしれません。しかし、計画の実行やその後のモニタリング・修正計画は、現場のメンバーが、自ら行わなければなりませんから、先生には、当社の役職員の教育も兼ねて、ご指導をお願いします。

安田認定支援機関：承知しました。副社長からは、「事業再構築補助金」のご依頼に関して、私のコンサルタントとしての役割や御社の役職員への接し方まで、おっしゃっていただき、有難く思います。コンサルをお受けするのに、一番困るのは、丸投げ方式です。例えば、今回の「事業再構築補助金」の申請書作成の場合、「先生、その申請書、作ってください。補助金が出たら、手数料をお支払いしますので、よろしくお願いします」というケースです。これでは、私どものコンサルの手順も決まりませんし、情報収集や会社の役職員との情報交換のやり方も決められません。納得のいくコンサル計画も立てられず、コンサル・フィーの予算も申し上げることができません。

中山副社長：先生のおっしゃることはよくわかります。私どもも、当社全体の業績を引き上げるための総合的なコンサルを依頼することは初めてですので、役職員全員で対応したいと思っています。私が、当社の概要や沿革、今後の方針などを書類にしてきましたから、まずは、先生にお話をしますので、先生から、今後のコンサル計画を立てていただきたいと思います。その後に、当社の事業再構築を行うための、技術面、営業面、管理面の課題について、それぞれの担当役員とお話をし、アドバイスをしていただきたいと思います。これらが終わりましたら、石田社長と私に、ご面談をしていただきたいと思います。最

後の面談は、社長と私の2人でも、個別に一人ひとりでも、先生にお任せしたいと考えています。

安田認定支援機関：わかりました。その手順でお願いしたいと思います。そのような方式ならば、コンサル計画も順調に進められると思います。ただし、失礼かもしれませんが、それぞれの役員の方々が、コンサルに慣れていらっしゃるか、また、事業再構築補助金に関する知識や意欲などについて、高まっているかも心配です。

中山副社長：先生のおっしゃることやご心配の内容もよくわかりますので、私の方から、役員に個別によく説明しておきます。それから、各役員は、近々行われる取締役会で、この申請書の内容を、その役員自身が発表し、皆から質問を受けることになっていますから、真剣に対応することと思います。この取締役会では、各役員が、それぞれの部門が担当する申請書の記載内容について、自ら発表しますし、同時に、当社の方針との関わりなどについて、社長が直接質問する予定です。各役員とも、かなりの事前学習が必要であり、安田先生との対話も真剣に臨むものと思います。私からも、当社の概要、沿革、方針などを参考にしながら、申請書の分担をしますので、各役員の担当する文書については、かなり準備してくると思います。おそらく、先生との対話の時までには、各役員は、申請書の自分のパートについては、準備するはずですから、先生としては、その文書の内容を掘り下げたり補強をしていただきたいと思います。そして、今までの当社とのご経験を生かして、経営全体の視点から、各役員には、ご遠慮することなく、ざっくばらんに質問をしてもらいたいと思います。

5 副社長による安田認定支援機関への、当社の概要等の説明と質疑

安田認定支援機関：では、副社長から、既にまとめられた、当社の概要、沿革、今後の方針などについて、お話をお聞きしたいと思います。

中山副社長：まず、私がおおまかにまとめた事業再構築補助金の申請書

の文章を見ていただけますでしょうか。当社の事業計画書は、事業再構築補助金における「業態転換」の類型とし、対象分野は「映像・音声・文字情報制作業」にしたいと思います。最近の当社の事業分野別売上動向を見れば、多くの分野で低下し、伸びているのは、「③冊子・カタログ・パンフ」と「⑦Web、動画、VR制作」の2つの分野です。したがって、この伸びている事業分野にヒト・モノ・カネの経営資源を注力することが、一般的な施策であると思いました。

　コロナ禍で、今後の広告業界は非対面・非接触で、テレワークなどのデジタル化を絡めた業務しか、生き残っていけないと思っています。当社のメイン業務であるチラシや名刺制作などの業務では、競合する同業者には勝てず、過当競争で値引き合戦に入って、ジリ貧になっていくと思いました（153ページの事業分野別売上高ご参照）。そこで、当社の業務実態を「強み・弱み・機会・脅威」の観点でSWOT分析を行いました。その検討内容は、以下の通りになっています。当社の概要と今までの業務と現状の窮境の状況を述べました。

事業者名	類型	業種	事業計画名	事業計画の概要
有限会社石田印刷	業態転換	映像・音声・文字情報制作業	画期的な画像提供システム構築による新たな広報支援事業	ドローン及び屋内外用VRカメラを活用した画期的な画像提供システムの構築を行う。非対面・非接触化等に寄与する新たな広報支援ツールの提供を行う。

（2）具体的な取組の内容
1）現在の事業の状況
【当社概要】
　当社は兵庫県姫路市にて1993年に設立、以来28年にわたり住宅会社や不動産会社を主要顧客（売上の約7割）とし、集客イベントの開催やチラシなどを活用した販促等の企画提案を行なってきた。
　その中から培ってきた様々な集客方法やデザイン、成功事例、オリジナル商材などの企画力が当社の強みである。従業員の大半(8/12名)がデザイン関係の学校の卒業生（大学卒6名・専門学校卒1名・高校デザイン科卒1名）で、特にクリエイティブな仕事を得意としており、7名がデザイナーとして従事している。
　主要事業はチラシなどの紙媒体の広告である。そのほかの事業としては、PTA新聞の発行や学生を対象した就職情報誌の発行、名刺印刷を中心としたインターネット印刷通販「十八番プリントドットコム」の運営等を行っている。

【事業環境】
　上表の売上推移からわかるように、コロナ発生以前（2018年〜2019年）から、チラシ・折込等紙媒体の売上が減少傾向にあった。顧客（不動産・住宅会社）の集客方法がそれら紙媒体主体からホームページやインターネット広告など多様化してきたことが要因である。
　そこへ、今般のコロナで集客を目的としたチラシやイベントが中止になり、当社も大打撃を受けた。
　今後、コロナが収束しても非対面・非接触の個別集客へと拍車がかかり、従来のようなチラシを主体とした広告は減少していくのではないかと思われる。

　　そこで、SWOT分析を行い、当社の強みであり、機会にもなっているドローンおよび屋内外用VRカメラを活用した画像提供システムの構築を、行うことにしました。これは、今後必須になる、非対面・非接触等に寄与できると考えています。

（強み）	（弱み）
①従業員の大部分（7割）を占めるデザイナーのデザイン・企画力。 ②創業以来、不動産・住宅業界に特化した事業の中から培ってきた様々な集客方法・デザイン・成功事例、高い集客率を誇るポケットチラシやバリアブル機能を活用したチケットインDMなどオリジナル商材の企画力。 ③不動産、住宅に特化した印刷業（単なる印刷屋ではなく、企画提案型）である。 ④動画撮影やドローン撮影の経験がある。	①不動産・住宅業界を中心としたルート営業に依存しているため、新規顧客への開拓力が弱く、既存顧客の売上に左右されやすい。 ②コロナ禍以前から減少傾向であった当社のメインであった住宅・不動産のチラシがコロナ禍以降、大きく減少し売上が下がっている。 ③住宅業界の販促においてチラシ離れが進み、新たな決め手となる販促手段が[redacted]状況。
（機会）	（脅威）
①チラシや折り込み中心の広告から、ポスティング、HPやインターネット広告（デジタル化）等多様化している ②ドローンを使った空撮が一般的に広がってきている。 ③当地（姫路市）にもドローン教室が開設されている。	①新型コロナウイルスの影響により、住宅展示場及び各住宅会社の集客イベントの中止が数多く、コロナが終息した場合でも広告印刷物の仕事、特にチラシにおいては今までのような売上を確保できる商材にはならないと思われる。 ②コロナ禍をきっかけにしたお客様の住宅展示場離れ、モデルハウスやオープンハウスの見学会離れが進んでいる。 ③少子高齢化、人口減少社会になり、不動産・住宅購入者の減少が予測される。

事業再構築で目指す方向

「広告媒体が多様化し、デジタル化が進展している」という機会（脅威でもある）を捉え、「デザイン力、企画力、動画撮影、ドローン撮影の経験有」という強みを活かし、「ドローン、動画・VRを活用したデジタル化で顧客（不動産・住宅会社）の広報支援を行う事業を推進し、事業再構築を図り、売上をコロナ前水準に戻し、更なる拡大を目指す。

このように、最近の当社の現状を認識し、SWOT分析を行うことで、「ドローン、動画、VRを活用したデジタル化」の戦略に注力することになりました。このことは、当社のメイン業務を、デザイン力、企画力、動画撮影、ドローン撮影に転換し、当社メンバーが保有してきたスキルを、思い切って活用しようということになります。まさに、従業員の日々の仕事内容を、ドローンやVR業務などに大きく転換する、いわゆる「業態転換」を実践しようということにしたいと思っています。

安田認定支援機関：とは言うものの、「業態転換」とは、思い切った方

針転換ですね。「事業転換」ならば、各部署の売上や利益を、種々の工夫によって、引き上げることや、それぞれの部署に新規の設備を投入したり、取扱商品の拡充を行ったり、販売手法の高度化を行うことなどですよね。これならば、それぞれの役職員としては、業務内容の大きな変化はなく、抜本的な組織の改編も伴うことはないことから、転換はソフトランディングできるかもしれません。しかし、「業態転換」となれば、一人ひとりの役職員の仕事の内容も変わりますし、全く新しい設備投資を行ったり、販売手法も変化して、組織改編も必要になると思います。社内の役職員全員にとって、政策転換の影響が大きいものになると思います。役職員のスキルアップ研修や新規の人材投入も必要になり、皆さんにとっては、発想の転換を伴う大きな負担が生じることになると思いますが、大丈夫ですか。

中山副社長：その点も社長と相談して方向性を決めました。当社の従業員の大半（8/12名）は、デザイン関係の学校の卒業生であり、特にクリエイティブの仕事に意欲のある人材がほとんどなのです。むしろ、いままでの仕事では、満足できていなかったのかもしれません。これらの人材は、デジタル化・DX化（デジタルトランスフォーメーション）を活用する仕事に大きな興味を持っていると思います。

安田認定支援機関：なるほど、私の考えが杞憂だったのかもしれません。御社の若手はデザイナーさんが多いということですね。しかし、役員さんや部長さんは、高齢になっており、今までの仕事に慣れていますから、この大転換に、付いて行けるでしょうか。多くの企業では、最近のデジタル化の動きに、付いて行けない人材は、この年齢層が多いようです。グローバル化やSDGs、環境問題も、インターネットになじんでいないと、かなり戸惑うようですね。

中山副社長：その通りだと思います。私どもの企業においても、今まで会社を引っ張ってくれた専務や常務が、この「業態転換」に抵抗があることが心配なのです。そこで、先生には、斉藤専務、西田常務、松田取締役と十分に話し合って、その本音を聞いてもらいたいと思って

いるのです。各役員の担当する申請書の文書について、種々アドバイスをいただくと同時に、この施策への不満を聞き出してもらいたいと思います。このような目的もありますから、事業再構築補助金申請書の文書作成を先生にお願いするようなことがあっても、それは断ってもらい、彼らに文書の作成を必ずさせてください。彼らやそのラインのメンバーには、書類の作成をして、この業態転換について真剣に考えてもらいたいのです。このことへの不満や不安を浮き彫りにして、新業務に対して納得してもらいたいと思っています。事業再構築補助金の申請書作成を通して、これから当社が通らなければならないデジタル化やSDGs、環境問題、また業態転換などについて、それぞれの役員と十分な対話をお願いしたいと思っているのです。

安田認定支援機関：よくわかりました。今回は、事業再構築補助金で資金調達をすることに加えて、社内の経営革新を狙っているということですね。私も、専務・常務・取締役の皆さんと、事業再構築補助金の申請書の内容に沿って、十分に対話を行いながら、今後の御社の方向性についても、意見の擦り合わせをしていきたいと思います。認定支援機関とは、本来、経営者と企業経営全般の議論をしたり、経営改善計画を策定したり、いろいろな課題を解決することがミッションですので、喜んでお引き受けしたいと思います。

6 安田認定支援機関と各役員との対話に対する副社長の要請事項

中山副社長：確かに、中小企業の場合は、会計参与などの社外役員等のポストを新設することは、現実的には難しい面がありますので、ぜひとも、認定支援機関の先生方にはご協力をお願いしたいですね。

安田認定支援機関：そうですね。私としても、この認定支援機関には、やりがいを感じています。ちなみに、次回の取締役会では、斉藤専務、西田常務、松田取締役には、事業再構築補助金の申請書の、どの部分を説明してもらうことになっているのですか。

中山副社長：これは、肝心な話をいたしませんで、申し訳ございません。斉藤専務は営業部門であり、西田常務は技術部門でドローンやVRの設備投資など、松田取締役は企業全体の管理や組織などの仕事をしています。各役員からは、申請書の担当分の原稿が出来上がりましたら、先生にご連絡をしますので、斉藤専務、西田常務、松田取締役の各役員との対話の時間を2～3時間取っていただけますでしょうか。次回の取締役会で、各役員は担当分の説明をして、全役員から質問を受けることになっています。

　当社としては、取締役会といえば、社長の独演会になってしまい、参加者はほとんど何も言えませんでしたが、これからは、全員で質疑を行い、意思決定を多数決で行うなど、本来の取締役会にします。斉藤専務、西田常務、松田取締役としても、取締役会での初めての発言になりますし、質疑も初めて受けることになります。先生との対話については、取締役会出席の準備ということで、皆、張り切っています。斉藤専務、西田常務、松田取締役とは、各人の担当分野の質疑を行ったのちには、当社全体を見渡すスタンスで質問をお願いし、各人の視野を広げるようにお願いいたします。先生のコンサルにつきましては、取締役会に出席する役員が作成した申請書の修正と、我々、取締役との個別面談の2点になると思います。コンサル依頼は、この2点が中心になりますが、事業再構築補助金の申請書が審査に通りやすくなるアドバイスも、よろしくお願いします。先生のコンサル料の概算のご請求は、コンサル計画書作成アドバイス料とともに、お願いします。

安田認定支援機関：では、その方向で、コンサルをお引き受けすることにいたしましょう。その後の、継続コンサルやモニタリングなどにつきましては、改めて、フィーのご請求をお願いしたいと思います。

中山副社長：では、よろしくお願いいたします。

　……斉藤専務、西田常務、松田取締役の各役員に対して、中山副社長から、事業再構築補助金申請書の記載分担の指示がありました。斉藤専

務は営業部門、西田常務は技術部門、松田取締役は管理・組織部門ということです。その後、各役員は、事業再構築補助金申請書の担当分を作成し、安田認定支援機関と意見交換をしました。また、当社全体についても、安田認定支援機関のアドバイスを受け、意見交換を行いました。……

2 初回取締役会の開催

　当社は、毎月、前月の実績数値が整う月末頃に、常務会を行っていましたが、今月は、この会議を取締役会として開催することになりました。この会の10日前に、社長から全役員に取締役会を開催する旨を伝え、副社長からは、各役員に発言する内容の要請を行いました。

1 意思決定のための取締役会

石田社長：これから、取締役会を開催しますが、何をいまさら、と思われたかもしれませんね。当社は、取締役会を形式的に行うことはありましたが、実態のある取締役会は、今回が初めてだと思います。私としても、コロナ禍で、売上が落ち込み、メインの事業分野も総崩れになってしまいました。今後の、ポストコロナ・ウィズコロナ時代の経済環境も大きな変化がなく、当社が変わらなければ、生き残れないと思いました。そのためには、経営者の意思決定のプロセスを大転換しなければならず、この取締役会を活用する合議制をスタートするべき

であると思いました。実際、私としても、意思決定を行うにあたり、インターネットやデジタル面からの情報やSDGs、環境問題またグローバルの情報が不足していることを痛感しています。それからステークホルダーや地域の身近な情報も入って来ません。そのような状況ですから、最近売上が伸びている「Web、動画、VR制作」の情報も、我々として十分に共有できているとは言えません。そこで、皆さんと情報を共有できるような、開かれた取締役会に転換しなければならないと思いました。

中山副社長：私も社長と同じ思いでした。デジタル化やDX化をベースにする社会では、意思決定は迅速であり、柔軟でなければなりません。そのためには、皆が経営のコンセンサスを常に持っていて、リニューアルもしてもらい、今までのような社長のトップダウンの意思決定は改善しなければならないと、社長とも話し合いました。

石田社長：その通りです。この問題意識の下に、マーケットを見ていくと、ドローンやVRの利活用が、我々の生き残る道であることが、わかってきました。しかも、そのドローンやVRの利活用による業務の転換は、かなり大胆な事業再構築であり、業務内容の変化の大きい「業態転換」になります。この「業態転換」は、当社にとって、まさに大転換ですから、皆様も十分納得して、この方向転換の意思決定を共有してもらいたいと思います。

中山副社長：そこで、皆様に、宿題を出したということです。斉藤専務には営業部門、西田常務には技術部門、松田取締役には管理部門から、社長・副社長が考えた、大転換の内容を吟味してもらうことになったのです。そのためには、事業再構築補助金の申請書を作成するという作業を通して、事務的な文章のまとめをお願いしました。その調査内容をたたき台にして、皆で、議論することが、この大転換を円滑に進めるには一策かと思いました。皆さんは、既に、認定支援機関の安田顧問税理士とじっくりお話をしてもらい、当社の大転換のイメージをある程度、持っていただいたと思いますが、これから、もう一度、

我々で、当社の今後の方向性を議論したいと思います。

石田社長：今、副社長の話したことは、認定支援機関の安田税理士の件
も含めて、私も了解していることです。当社は、実際、何年もの間、
実質的な取締役会を行わず、私の独断専行の押し付けの意思決定を皆
様にお願いしていました。そのために、皆様から、忌憚のないご意見
を出してもらいたく、このような手順を踏むことにしました。これか
ら、皆様との活発な意見交換を行うための、呼び水と思ってください。
では、中山副社長、皆で協議をいたしましょう。

斉藤専務：1970 年兵庫県生まれ。

1988 年兵庫県立高校を卒業し、東京の私立大学の経済学部に入
学、1993 年に岡山県の大手不動産会社に入社。2000 年に当社に
営業課長として入社し、2010 年営業部長、2018 年常務、2021 年
専務に昇進。

前職の大手不動産会社時代から、アイデアマンで知られ、当社に
も良きアドバイスを提供し、石井社長の懇請により当社に入社し、
2000 年から営業部門一筋で、専務に昇進。

西田常務：1977 年岡山県生まれ。

1995 年岡山県立高校を卒業、1999 年に岡山の公立大学のデザイ
ン学部を卒業し、当社に入社。2012 年技術部長、2018 年取締役
に就任し、2022 年より常務。デザインセンスもあるうえに、工
学的なスキルも高い。

松田取締役：1965 年兵庫県生まれ。

1983 年兵庫県立高校を卒業し、兵庫県の信用金庫に就職。2015
年に同金庫の支店長から当社に転職。同金庫では、本部の総務課
長を務め、支店長も 2 店舗を経験し、石井社長の勧めにより当社

に入社。当社の総務部長を5年間務め、管理・企画の手腕に長け、2020年に取締役に就任。

太田監査役；1965年岡山県生まれ。
1983年、社長と同じ岡山県立高校を卒業、福岡の私立大学の経済学部に入学。1987年に卒業し、地元の信用金庫に就職。地元信用金庫の支店長を最後に、岡山市の大手弁護士事務所に勤務したが、石田社長の誘いで、2年で退社し、当社の監査役に就任。

2　業態転換

中山副社長：既にご存知のように、当社の事業分野別売上動向は、ほとんどの部門で売上は低下しており、「冊子・カタログ・パンフ」と「Web、動画、VR制作」の2つの分野だけしか伸びていません。コロナ禍により、今後の広告業界は非対面・非接触で、テレワークなどのデジタル化を絡めた業務しか、生き残れないと思います。そこで、当社の業務実態を、SWOT分析を行いましたが、当社は、主に、「VR画像の作成」と「自社ドローンの空撮」また「ドローンフォトバンク」を中心に、業態転換をすることが、生きる道ではないかと社長と相談し、この方針の転換をしたいと思いました。当社の事業計画書では、事業再構築補助金においては「業態転換」として、対象分野は「映像・音声・文字情報制作業」にすることにしました。このことは、以下の「事業再構築要件」になります。ここでは、「製造方法等の新規性要件」「商品等の新規性要件」に分けて記入していますが、上記の「VR画像の作成」「自社ドローンの空撮」などが、業態転換の中心になります。
　ということで、当社の営業の切り口から、斎藤専務に今後の方針を解説してもらいたいと思います。

（1）事業再構築要件について

事業再構築の類型	必要となる要件	内容
業態転換	提供方法の変更 ①製造方法等の新規性要件、	①過去に同じ方法で製造等していた実績がないこと ・今回導入計画しているライカ社製 BLK360°カメラを用いた屋外のVR画像の作成は、過去に作成したことがない。 ・自社ドローンでの空撮写真を登録できるECサイト「ドローンフォトバンク」を新しく構築し、それをきっかけに新規顧客に対し、SNS広告・ランディングページ・チラシなど継続的な広告制作に結び付けるということは、過去に実施したことがない。
		②新たな製造方法等に用いる主要な設備を変更すること ・ライカ社製 BLK360°カメラを導入 ・「ドローンフォトバンク」ECサイトを新たに構築 ・ドローン2機種（オーテルロボティクス社製ドローン「EVO II Pro」、DJI社製 FPVドローン「DJIFPV」）を導入
		③定量的に性能又は効能が異なること ・VR動画サービスの性能や効能を定量的に比較することは困難 ・「ドローンフォトバンク」は新たな取組であり、比較対象が無く、比較は困難
	③商品等の新規性要件又は設備撤去等要件	①過去に製造等した実績がないこと ・ライカ社製 BLK360°カメラを使って屋外 VR画像の作成は無い ・「ドローンフォトバンク」は新たな取り組みであり、過去に作成は無い
		②製造等に用いる主要な設備を変更すること ・ライカ社製 BLK360°カメラを導入 ・「ドローンフォトバンク」ECサイトを新たに構築 ・ドローン2機種（オーテルロボティクス社製ドローン「EVO II Pro」、DJI社製 FPVドローン「DJIFPV」）を導入
		③定量的に性能又は効能が異なること ・VR動画サービスの性能や効能を定量的に比較することは困難 ・「ドローンフォトバンク」は新たな取組であり、比較対象が無く、比較は困難
	④売上高10%要件	後述する計画表の通り全売上高の10％以上となる計画である。

斉藤専務：当社の足許は、コロナ禍で業績が伸びないものの、広告業界の傾向としては、インターネット広告の伸びが顕著になっています。当社としては、ドローン空撮写真を使ったSNS広告やチラシ・看板などによる分譲地の販促提案をしながら、売上につなげることを目指そうという考えを社長と副社長からお聞きしました。また、VR撮影については、近畿圏の2社を販売対象にして、次に、単独展示場、不動産・住宅以外の各種施設への販路を広げることを目指すこともお聞きしました。私も同感であり、直ちに調査を行い、ドローン空撮写真とVR撮影のシミュレーションもしてみました。詳細は以下の通りですが、この作業のなかで、社長と副社長の方針がよく理解できました。

3 マーケット戦略

2：将来の展望（事業化に向けて想定している市場及び期待される効果）
（1）具体的なユーザー、マーケット、市場規模
1）広告業界の推移
日本の広告費（出典：㈱電通）の推移を下図に示す。インターネット広告費の伸びが著しい。

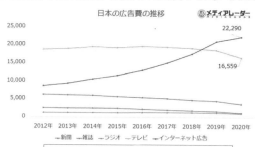

日本の広告費の推移：メディアレーダーHPより

2）不動産業界の広告費の推移
　マスコミ4媒体の広告費は年々減少傾向であるが、不動産・住宅設備部門の減少は全業種よりも落ち込みが大きい。
　一方、インターネット広告は急速に増加しており、2017年比で2020年は5割近く増加し、マスコミ4媒体合計を超えた。広告は急速なインターネット化（デジタル化）が進んでいる。
　　＊マスコミ4媒体（テレビ、ラジオ、新聞、雑誌）の広告費

≪広告費推移≫ ㈱電通の日本の広告費データを基に当社作成　　　　　　　（単位：千万円）

		2017年	2018年	2019年	2020年
マスコミ 4媒体	不動産・住宅設備	13,032	12,171	11,316	9,841
		(2017年比)	93.4%	86.8%	75.5%
	全業種合計	266,380	257,510	248,270	213,630
		(2017年比)	96.7%	93.2%	80.2%
インターネット広告		150,940	175,890	210,480	222,900
		(2017年比)	116.5%	139.4%	147.7%
マスコミ4媒体＋インターネット合計		417,320	433,400	458,750	436,530
		(2017年比)	103.9%	109.9%	104.6%

　4媒体＋インターネット広告の合計はコロナ禍の2020年においても2017年比で増加している。インターネット広告の急激な伸びに支えられている。

3）具体的なユーザー、マーケット、市場規模

　当社が対象とする具体的なユーザー、マーケット、市場規模は下記の通り。

【ドローンフォトバンク】

　「ドローンフォトバンク」では写真を売るのが主目的ではなく、ドローン空撮写真を使ったSNS広告やチラシ・看板などの分譲地の販促提案をする事で売上につなげることが真の目的である。

　例えば5〜10区画の分譲地の場合、全区画が完売するのに1年以上かかる事が多く、その間にSNS広告やチラシ・看板などの広告を実施することがほとんどである。

　通常完売までに販売価格の1%〜3%の広告予算を使うことなどから、5区画の分譲地の場合、5区画×分譲住宅販売価格2,500万円として1億2,500万円。その1%〜3%として125万円〜375万円の広告予算を使う。「ドローンフォトバンク」をきっかけに月に最低1件の5区画以上の分譲地広告の契約ができれば年間12件×広告予算125万円〜375万円として、年間広告予算合計額1,500万円〜4,500万円。そのうち50%の広告制作を受注すれば、1件当たり750万円〜2,250万円の売上が可能である。

　ここ数年の兵庫県内の分譲住宅の数は㈱住宅産業研究所の全国住宅市場ハンドブック（2019年版）によると、年間5,500〜6,500戸（H29年度：5,559戸）であり、上述に従うと、5,500戸×2,500万円／戸×1%〜3%＝13.75億円〜41.25億円となる。これを近畿圏などに広げると数倍の広告費の市場規模となる。

　主な顧客は分譲地の住宅販売をメインに手掛ける会社で、当社シェアが低く規模の大きな会社の一例を下表に示す。下表の住宅会社6社で兵庫県内の分譲住宅の約4割を占めてあり、シェアの低い当社にとっては開拓余地の大きな市場である。

≪兵庫県内の分譲住宅会社で当社シェアの低い顧客：戸数はH29年度≫

	戸数	当社シェア
███████	595	約■%
███████	440	0%
███████	375	0%
███████	365	0%
███████	200	約■%
███████	215	約■%
合計	2,190	

㈱住宅産業研究所の全国住宅市場ハンドブック（2019年版）より抜粋、当社にて作成

175

【ＶＲ撮影】

　主な顧客は住宅展示場に出展しているハウスメーカーである。一例として、大手住宅展示場２社の近畿圏での会場数と戸数を下表に示す。又、複合商業施設、美術館、博物館等々も対象になる。

≪近畿圏の住宅総合展示場の例≫

	会場数	戸数（ハウスメーカー数）
███████████████	███	██████████
███████████████	███	██████████
合計	２８	３８６

　ＶＲ撮影の███████████として、上記２社の近畿圏の████████████████████████████市場となる。この市場を足掛かりに単独展示場、不動産・住宅以外の各種施設へと販路を広げていく。以下のような順序で販路開拓を行っていく。

＊同一会場で複数のハウスメーカーの受注が出来れば、出張費等の費用削減等生産性向上も期待できる。

①全国の住宅総合展示場を運営する会社および単独の展示場を持つ各住宅会社だが、当面は近畿の住宅総合展示場を運営する████████████████████████████████████ターゲットに販路開拓を行う。

　　・████████████████が運営している住宅総合展示場

　　近畿で███████████████████████████████████有り。

　　　＊████████████████████████　████████████████████████

　　・██████████████が運営している住宅総合展示場

　　近畿で████████████████████████████████

　　　＊██

②次に、総合展示場に加盟していない住宅会社の単独展示場にも提案を行う。

　　当社がリストアップしている近隣の住宅会社だけで約██社あり、①の総合展示場への販促と並行して営業活動を行う。

③不動産、住宅以外の分野の開拓を行う。

　　ショッピングモールや商業ビルなど多層階にわたる複合商業施設、コンベンションホールやエネルギー館などのホール案内、さらには美術館・博物館・ミュージアム・資料館など公共施設や文化財の俯瞰による案内など将来にわたる拡張性も高い。

④ＶＲ撮影を足掛かりに他の広告（チラシ、Ｗｅｂ等）の受注も行っていく。

> 本補助事業により、従来の不動産・住宅関連中心の広告業から商業施設や観光関連施設の広告へと事業分野を拡大していく。

石田社長：ドローン空撮写真とＶＲ撮影については、当社が順調に伸びていくような見込みになっていますが、ところで価格や性能面での優位性はあるのですか。

斉藤専務：そうですね。ドローンの一回撮影では、播州エリアでは交通費の価格の優位性があります。ドローンの空撮写真ダウンロードや住宅展示場ＶＲ作成でも、優位性を獲得できるよう検討しています。ま

た、当社としては、この補助金が導入されれば、「①ドローンによる
分譲地撮影・画像作成、②購入カメラによるモデルハウス内観VR撮
影・画像作成」が可能になります。当社のみで行うことができ、その
後の販促や集客提案まで当社だけで行えるならば、これは大きな強み
になります。

（2）価格的・性能的な優位性・収益性

≪サービス内容と価格（単位：円）≫

サービス内容	当社	他社	評価
空撮写真ダウンロード（1点）	10,000	例がない	分譲地のドローン空撮写真のダウンロードサービス自体が無い為、比較できない。
ドローン1回撮影	20,000〜	35,000〜10万	特に播州エリアでは交通費なども含めて価格的に優位である。
住宅展示場VR作成	■■■■■■	■■■■■■	ライカ社製BLK360°カメラを使ったVR画像作成料金は、■■■■■■■■■■■■■■■■■■の価格では■■■■■■

（3）課題やリスクとその解決方法

【ドローン撮影における課題】

①ドローン撮影の課題の一つは撮影時間である。今回導入予定のオーテルロボティクス社製ドローンは最大飛行時間が40分（DJI社製の一般的なドローンは18〜34分）となり、360°の障害物回避センサー搭載により安全性もUPしている。さらに曇天の場合でも鮮明な画像撮影が可能な高性能カメラを搭載、メイドインＵＳＡによりセキュリティーリスクにも配慮したものである。これらにより一度のフライトで近隣における複数の分譲地の撮影が可能になり生産性もUPする。

②分譲地の場所をいかに早く情報入手するかも課題であるが、■■■■■■■■■■■■■■■■■などからの情報収集で解決でき、効率のよい空撮スケジュールを作成することが可能になる。

③FPVドローンを活用したプロモーションビデオの作成に関しては、第3種陸上特種無線技士の免許の取得が必要となり6月に取得予定で進めている。これにより分譲地や住宅の案内などをより一層シネマティックなプロモーションビデオとして提供することが可能になる。このプロモーションビデオは住宅の購入を考えている方にとって一目でわかりやすく今までに無いサービスとして非常に効果的である。

（4）事業化見込みについて

上述の通り、広告業界でも急速なデジタル化（インターネット化）が進んでおり、不動産業界においても動画による広告、ＶＲによる体験などデジタル化の伸張が想定される。本補助事業により取り組むのはまさにそのようなデジタル化広報の支援ツールを提供することである。

補助事業終了後すぐにできるサービスは以下のようなものである。

【導入後すぐにできるサービス】

①ドローンによる分譲地撮影・画像作成

②BLK360°カメラを使ったモデルハウスの外観VR撮影・画像作成

③マーターポートカメラ Pro2 を使ったモデルハウス内観 VR 撮影・画像作成

これにより空撮→街並み→QR コード→外観→内観へとつながり、視覚的にもよりグローバルになる。

①②③を全て自社で行うだけではなく、その後の販促や集客に結びつけた提案が行える点が当社の強みとなる。

（5）地域貢献

デジタル技術を活用した新しい取組みで、他の企業のモデルになると共に、地域経済活性化にも繋がる取り組みである。

中山副社長：斎藤専務、この事業再構築補助金の申請において、デジタル技術を活用した当社の新しい取組みは、地域経済活性化にも役立つと書いていますが、行政機関としても、当社の動きを評価してくれるのですか。

斎藤専務：その通りです。「兵庫県地域創生戦略の概要」や「姫路市 SDGs 未来都市」は行政機関の方針ですが、当社の施策はこの方針に該当します。行政機関の方針に沿う企画については、地域のいろいろな企業や金融機関などからも評価され、当社の好感度がアップすることになります。

太田監査役：この「兵庫県地域創生戦略の概要」「姫路市 SDGs 未来都市」の情報は、金融機関の本部では、尊重されるデータになっています。私も、数年前まで信用金庫にいたことから、その点を実感しています。地域貢献案件や SDGs 関連案件は、融資審査においても、加点されています。当社の役員の方々も、これらの点を重視されるようになり、よいことだと思います。

兵庫県地域創生戦略（2015-2019年度）の概要 ［平成30年3月改定］

2060の兵庫の姿（社会像・人口規模・経済状況）

1　個性ある多様な地域の中で心豊かな暮らしが実現する兵庫
- 心豊かな暮らしを実現
- 圏域ごとの機能分散と連携強化・発信拠点に
- 圏域からではなくオンリーワンの魅力が国内外の人々を呼び込む
- 世界の課題解決に貢献する人材の交流

2　医療、防災、多彩な歴史・文化の集積、教育の力で支えられた世界レベルの生活環境が確保されている安全安心の兵庫
- 見える安心を実現した介護・医療
- 世界最高水準の防災社会・防災産業
- 世界と直接交流する精神性の高い文化や芸術文化を創造
- 兵庫の知的資産の継承と発信
- 豊かな自然環境で培われた新しい生活スタイルのエネルギーを確保

3　二地域居住者等内外の交流が増え国内外からの来訪者が集められる兵庫
- 地域居住の浸透交流人口による農山村地域を維持
- 国内外を往来する人・資金の交流点に
- 世界の課題解決に貢献する兵庫の魅力が国内外の人々を呼び込む

4　一人ひとりが自己の能力と意志で発揮でき、社会を支える主人公となれる兵庫
- ふるさと意識を持った兵庫人のネットワーク
- 子どもから高齢者まで安心して働ける就業環境を持つ
- 様々な「縁」で世代や地域をつなぐチャレンジの場、起業家になれる
- 子育て世代も安心な子育て環境が充実

5　世界経済をリードする新産業を地域に集積した新産業が県全域で展開される兵庫
- 高成長が見込まれる大都市圏との連携で産業活力を高める
- 兵庫ならではの先端産業が世界経済をリードし、地方の産業活力を活性化
- 農林水産業が成長の牽引役となり、兵庫の生活を維持する
- 小規模農業から大規模農業まで地域の生活を支える

地域創生の考え方
- 2060年の兵庫の姿を見据え、2020年末まで（2015-2019年度）の5年間の目標、施策を定める
- 兵庫の多様な個性とポテンシャルや多様性など「兵庫の強み」に応じた施策を展開する
- 顔が見える各地域が、高い志しに補完する。兵庫県全体の総合力が高まるよう、多様な連携と集積を基本に取り組む

多様なポテンシャル

区分	多様な地域特性	地域性	重点的な取組方向
大都市圏	瀬戸内臨海部に位置する日本有数の都市圏	大都市に近接し、都市機能と地域資源を有する都市圏	大都市の魅力の更なる向上・ものづくり産業の集積
大都市に連担する近郊大都市圏	大都市に近接し、都市機能と地域資源を有する都市圏		都市市能機能の向上・都市の魅力向上
単独で成立する地方都市圏	多自然地域の魅力を有し、地域の核となる都市部を有する都市圏		拠点の機能充実・地域需要の再活性化
多自然地域	豊かな自然環境に恵まれ、多彩な農林水産業が集積する地域		交流連携でつなぐ・農林水産業の成長産業化

2020年まで（2015-2019年度）の施策・社会増対策
　　※　10の基本目標と70の施策等を設定
　　※　全県的対策に加え、地域別（県民局・県民センターごと）の対策等を設定

人口対策（自然増対策・社会増対策）
① 多世代の出産・子育てが可能な社会をつくる（新たに追加）
② 健康長寿社会をつくる（名称変更）
③ 地域に根ざした産業を振興する
④ 人や企業・資本が流入する兵庫をつくる
⑤ 個性あふれる「ふるさと兵庫」をつくる

地域の元気づくり
⑥ 兵庫の産業競争力を強化する
⑦ 安全安心な健康福祉社会をつくる
⑧ みんなで地域をつくる
⑨ 主な交流拠点をつくる
⑩ 県土空間の安全・安心を高める

2020年の戦略目標

【自然増対策（子ども・子育て対策）】
　○ 出生数：2015-2019年度で22万人（4.4万人/年）の維持
【自然増対策（健康長寿対策）】
　○ 健康寿命：5年間（2015-2019年度）で男女とも1歳の延伸

【社会増対策】
　○ 人材流入増加（流出抑制）数：5年間（2015-2019年度）で25,700人
（若者の社会増：22,500人、7才0～幼の転入：2,000人、北年齢の転入：1,200人）

【地域の元気づくり（東京一極集中の是正）】
　○ 県内総生産（GDP）成長率を上回る成長率を維持
　○ 県民総所得（GNI）に占める海外からの所得の比率を高める

2020年の人口規模と経済状況
　○ 人口対策により、人口規模は54万人（2014年：554万人）による
　○ 地域の元気づくりにより、GDP、経済状況
　・県内総生産（GDP）で実質：23.0～23.6兆円、名目：21.7～23.0兆円
　・県民総所得（GNI）で実質：26.1～26.9兆円、名目：24.7～25.9兆円

実効性の確保等
　○ 戦略の進捗を着実に推進するとともに、効果を検証し不断の見直しを行うため、GPDCサイクルによる進行管理を実施。検証の客観性を担保し、効果的に取組を推進するため、以下の措置を行う。
【検証体制の構築】
　・産学官金の有識者による「兵庫県地域創生戦略会議」で専門的見地から意見を聴取
　・議会に対し、指標で、前年度・各年度の取組状況を報告
　○ 戦略の下に、具体的な事業及び数値目標（KPI）を盛り込んだアクション・プランを毎年度策定。その進捗・実績を管理することとともに、KPIの中から重点施策、政策アウトカム指標を設定し、指標の階層化・体系化し、バッケージ化を行い、わかりやすく評価検証を進める

姫路市SDGs未来都市 ～世界をつなぐSDGs推進都市ひめじの夢～

【2030年のあるべき姿】
姫路市はSDGs未来都市を推進することにより、国際人材（グローカル人材）を育成します。当市で郷土愛を育み、脱炭素型のライフスタイルを身につけたSDGsマインドを持つ若者が、姫路地域で活躍しつつ、海外と本国をつなぐ「架け橋」となっている姿を目指す。

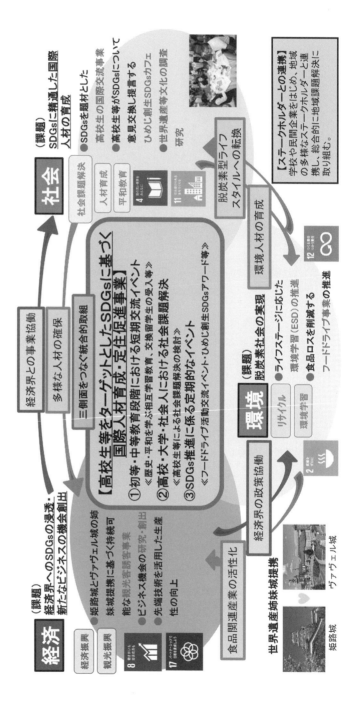

社会

【課題】
SDGsに精通した国際人材の育成
● SDGsを題材とした高校生の国際交流事業
● 高校生等がSDGsについて意見交換し創生SDGsカフェ
● ひめじ創生SDGsカフェ
● 世界遺産等文化の関与研究

社会課題解決
人材育成
平和教育

【ステークホルダーとの連携】
学校や民間企業をはじめ、地域の多様なステークホルダーと連携し、総合的に地域課題解決に取り組む。

脱炭素型ライフスタイルへの転換

環境人材の育成

経済界との事業協働

多様な人材の確保

三側面をつなぐ統合的取組

【高校生等をターゲットとしたSDGsに基づく国際人材育成・定住促進事業】
①初等・中等教育段階におけるSDGsに基づく
《歴史・平和を学ぶ相互学習教育、交換留学生の受入》
②高校・大学・社会人における社会課題解決
《高校生等による社会課題解決の検討》
③SDGs推進に係る定期的なイベント
《フードドライブ活動交流イベント・ひめじ創生SDGsアワード等》

環境

【課題】
脱炭素社会の実現
● ライフステージに応じた環境学習（ESD）の推進
● 食品ロスを削減するフードドライブ事業の推進

リサイクル
環境学習

経済界との政策協働

経済

【課題】
経済界へのSDGsの浸透・新たなビジネスの機会創出
● 姫路城とヴァウヴェル城の姉妹城提携に基づく特許可
● 能な観光容器営事業
● ビジネス機会の研究・創出
● 先端技術を活用した生産性の向上

経済振興
観光振興

食品関連産業の活性化

姉妹城提携による先端技術を活用した生産性の向上

世界遺産姉妹城連携

姫路城

ヴァヴェル城

4 技術戦略

石田社長：ドローン空撮写真とVR撮影については、斎藤専務から解説
してもらいましたが、この技術面についての検討内容を、西田常務か
ら説明をお願いします。

西田常務：私どもの部門としては、事業再構築補助金の申請書における、
技術面について検討してきました。やや各論になってしまいますが、
その件について説明いたします。斎藤専務から、営業面では「ドロー
ンフォトバンク」や「自社ドローンの空撮」また「VR画像の作成」
を中心に、業態転換を行うとのお話がありましたが、私どもとしては、
これらのテーマを技術面から検討してきましたので、以下に、ご説明
をいたします。

■ 「ドローンフォトバンク」ECサイトの構築

≪今回の取り組み≫

　今回、自社で最新のドローンを導入し、エリアを絞ってあらかじめ撮影しておいた分譲地の空撮画像を
集めたECサイト「ドローンフォトバンク」をつくり、校区や住所などから空撮写真を自動検索できるシス
テムを構築する。

　検索者はそこから必要画像をダウンロードする場合のみ費用が発生するという仕組みである。〔ダウン
ロード1点につき10,000円の予定〕

　また、希望の空撮写真が見つからない場合はサイトから撮影依頼ができるようにする。

撮影価格については1回撮影（4～5点撮影）につき20,000円～と、一般的な市場価格である35,000円～
10万円より低価格で可能である。（社内でドローン撮影を行うことと一度の飛行で他の分譲地と一緒にま
とめて効率よく撮影することにより採算が合う仕組み）

　このECサイト「ドローンフォトバンク」の構築により、分譲会社（検索者）は1点10,000円という低
価格で空撮写真が入手でき、無い場合でも20,000円～で空撮依頼ができ価格的にも非常にメリットがあ
る。このようなドローンでの空撮写真ばかりをあらかじめ集めた写真レンタルサービスは全国的に見ても
例がなく、分譲地に特化した「ドローンフォトバンク」は画期的なシステムである。

『ドローンフォトバンク』を活用した新規営業の流れ』

　①開発団地の情報を入手し、あらかじめ分譲地をドローンで空撮

　②ドローンフォトバンクに登録

　③ドローン空撮の分譲地所有の不動産・住宅会社に営業

② 「自社ドローンの空撮」の機器の購入

≪購入予定のドローン≫

導入予定のドローンは下記の2機種。

①オーテルロボティクス社製ドローン「EVOⅡPro」

　主な特徴は下記の通りであるが、一般的なドロー
　ンに比べて連続飛行時間が長いので、纏めて撮影
　が可能で、生産性アップに繋がる。

〈主な特徴〉

　・最大40分の連続飛行でまとめて撮影が可能
　　※一般的なドローンは約25分程
　・曇天でも鮮明な画像撮影が可能
　　（カメラはソニー製）
　・360°の障害物回避センサー付で安全
　・メイドインUSAによりセキュリティーリスクを回避

オーテルロボティクス社製ドローン「EVOⅡPro」

②DJI社製FPVドローン「DJIFPV」

　下記のような特徴を持ち、一般的なドローンよりも高度な撮影技術が必要な為、習得すれば他社との差
別化につながる。

〈主な特徴〉

・建物・立地などの空撮には欠かせない超広角（150度）
　の撮影が可能。
・これまでの一般的なドローンではできなかった
　FPV視点（FirstPersonView：1人称視点）での
　操作ができる為、お客様の希望に沿った撮影が可能。
・一般的なドローンよりも高度な撮影技術が
　必要な為、習得すれば他社との差別化につながる。

DJI社製FPVドローン「DJIFPV」

③ 「VR画像の作成」の新たな取組みのための機器の購入

2）「モデルハウス、住宅展示場の内外ＶＲ動画」作成による新たなサービス（顧客の広報支援）

　①これまでの取り組み

　　当社としてはこれまでのチラシの売上に依存した事業を見直し、本来
　の当社の強みであるクリエイティブな能力を活かせる利益率の高い事業
　を模索中であったため、コロナ禍というきっかけもあり、かねてより検
　討中であったアメリカのベンチャー企業であるマーターポート社が開発
　した3Dスキャンカメラを使ったモデルハウスのVR撮影などのクラウド
　サービスに着目し、2020年5月にマーターポートカメラを1台購入、
　さらに10月にもう1台購入、現在2台でモデルハウスやショールーム
　などのVR撮影やウォークインスルー画像の提供を行っている。

マーターポート社の
3Dスキャンカメラ

②新たな取組
【ライカ社製 BLK360° カメラの導入について】

　マーターポートカメラは屋内専用の VR カメラであるため、屋外を撮影するには非常に困難である。特に晴天の場合、マーターポートカメラではカメラの撮影ポイントが認証されにくく撮影の位置認識がエラーになり、屋外撮影不可になることがほとんどである。

　住宅展示場など広い敷地においてモデルハウスの外部からのウォークインスルーの VR 画像を作成する場合には、屋外専用カメラであるライカ社製 BLK360° カメラが必需となり現在はできない状況である。

　当社の顧客であり ▮▮▮▮▮▮▮▮▮▮▮▮▮▮ 様より ▮▮▮▮

▮▮▮▮▮▮▮▮▮▮▮▮ において屋外からの VR 撮影の相談があり、今後その他のエリアでの受注も見込まれるため、屋外用 VR 撮影カメラであるライカ社製 BLK360° カメラを導入したいと思っている。

　＊ライカ社製 BLK360° カメラを所有して屋外からの
　　VR 撮影を行える企業は非常に少ない状況である。
　　一部レンタルもあるが、5 日間レンタル 15〜25 万
　　円と非常に高額である）

ライカ社製 BLK360° カメラ

石田社長：「ドローンフォトバンク」「ドローン空撮写真」と「VR撮影について」の新規の設備投資については、よくわかりましたが、それらが営業面で、どのように、役に立つかについて、もう少し突っ込んだ話が聞きたいと思いますが……。営業担当の斎藤専務から、詳しい営業活動について解説してもらいたいですね。

斎藤専務：わかりました。では、営業戦略として、説明が重なる点もありますが、以下の「事業再構築」に絡めて、詳しくお話したいと思います。その後に、「ドローンフォトバンク」の営業戦略と、屋内外すべてのVR画像について、ご説明いたします。

2）事業再構築の必要性

　前述のような状況であり、印刷物の制作を中心とした今までの事業から大幅な転換が必要で、今後、チラシに代わり継続的に受注できる商材の提供を確立していく必要がある。

　そしてそれは他社から真似されにくく独自性があるもの、当社が得意とする社内デザイナーたちのクリエイティブな能力を活かせるもの、原材料などの仕入原価が低く利益率の高いことが求められる。具体的には他社にない特殊な機器やシステム、ソフトなどを活用したクリエイティブな仕事である。

「ドローンフォトバンク」は単に空撮写真を提供（販売）するのではなく、そこを窓口として、その写真を使った SNS 広告・ランディングページ・チラシなど広告制作を継続的に受注することが目的で、「ドローンフォトバンク」を新たな営業ツールとして顧客開拓、売上拡大を図るという従来にない取組みで事業再構築を行うものである。

3）事業再構築の具体的内容

住宅の購入を計画しているお客様に対しては、住宅の持つ特徴や性能・分譲地の環境などをビジュアル的に分かりやすく魅力的に伝えるシネマティックなプロモーションビデオなどがより効果的になるのではないかとおもわれる。その一環としてまずは今回の映像提供事業を考えている。

主な取り組みは「ドローンフォトバンク」と「モデルハウス、住宅展示場の内外ＶＲ動画」作成による新たなサービス（顧客である不動産・住宅会社の広報支援）である。

『ドローンフォトバンクサイトワイヤーフレーム（案）』

場所検索ページのイメージ図

トップページのイメージ図

ライカ社製 BLK360°カメラを導入しマーターポート社のカメラと併用することで、屋内外全てのＶＲ画像が撮影でき、従来になかった画像を提供できるようになり、当社競争力強化に繋がる。

石田社長：今の斎藤専務のお話で、「ドローンフォトバンク」「ドローン空撮写真」「VR撮影について」、それぞれ営業部門と技術部門のコラボレーションについてはよくわかりましたが、当社の競争力の強化には、ヒトの問題、組織改編などの課題があると思いますが、このあたりは、大丈夫ですか。

中山副社長：それは、当社全体に関わる問題になりますが、既に、斎藤専務と松田取締役から、個別に相談を受けています。この点について

は、斎藤専務からお話をしてもらい、ヒトとカネの点については、追って、松田取締役から説明をお願いします。

斎藤専務：では、当社の競争力の強化についてお話します。

【競争力強化の道筋】
①ドローンフォトバンクを入口に、広告制作の受注増を図る。
・最初はエリアを兵庫県南部の播州エリアに絞ってドローン空撮を行い、「ドローンフォトバンク」に登録し、既存顧客の不動産・住宅会社にチラシやDMなどで案内する。
・その反響を見ながら他のエリア（神戸・岡山等）にも展開する。
それにより、今まで当社と取引のなかったエリアや新規取引先においても「ドローンフォトバンク」を通じて、新しく繋がることができ、新しい市場開拓に結びつくものとして期待できる。

②新規の分譲地情報入手で顧客開拓を行う。
・いち早く分譲地の販売計画を取得するため、開発工事許可の情報を▉▉▉▉▉▉▉▉▉▉▉▉▉▉▉▉▉▉から得て、あらかじめ所在地などを確認し工事状況などを確認し、適宜空撮を行う。広告会社の大部分は開発工事許可の後、ある程度造成工事が進んだ段階で分譲事業者から連絡を受けて準備をすることが多い。当社では開発工事が許可された時からその情報をいち早く▉▉▉▉▉行なう。そのスピード感の差で他者との差別化を図る。

開発工事許可例

・「ドローンフォトバンク」の空撮作業において新規の分譲地情報をいち早く入手することもでき、その後のSNS広告やチラシなどの販促への営業活動に生かすことができメリットは大きい。

③更なる強みの構築で競争力強化を図る。
・将来的にはFPVドローンを使い分譲地の紹介から実際の住宅の紹介までをシームレスに撮影したプロモーションビデオを提供する予定である。その為FPVドローンの運航に必要な第三級陸上特殊無線技士の免許はスタッフが近日取得予定である。
・ドローンによる空撮及び動画作成においてドローン操作に熟練した社員を1人増員し、1年後（令和4年4月〜）にはFPVドローンを駆使したプロモーションビデオの制作にも注力する。現在住宅業界においてFPVドローンを活用したプロモーションビデオを提供している会社はほとんどないと思われる。他社よりも先行しサンプル事例をドローンフォトバンクで公開、営業マンが案内することで受注につなげる。
・ドローンによる分譲地撮影やプロモーションビデオでの案内＋ライカ社製BLK360°カメラを使った分譲地や住宅展示場の外観VR撮影＋既存のマーターポートカメラPro2を使ったモデルハウス等内観VR撮影・画像作成を全てトータルに自社で行える会社はほとんどなく、営業上も強い武器となる。

④ドローンフォトバンクの拡張
・最初はドローンの空撮写真からはじまり、BLK360°カメラによる外観のVR画像やマーターポートカメラによる内観のVR画像の紹介など必要に応じて注文が可能。さらに住宅購入者にとって暮らしのイメージを想像できるプロモーションビデオは非常に効果的である。
・今後将来的には、撮影エリアを広げ分譲地だけではなく、外部の方がドローンで撮影した空撮写真を自由にアップロードができ、その写真が10,000円にてダウンロードされれば撮影者に写真使用料（1点につき約▉▉▉円）、当社には手数料（1点につき約▉▉▉円）が入るというシステムにより、サイトの拡張を図る予定である。

・「ドローンフォトバンク」への写真の登録をドローン撮影の有資格者にも案内する予定である。
（██████████████████████████████████の卒業者約1,000名に対し案内予定）
・そのほかに高性能ドローン（DJI Matrice300RTK）を活用した山の撮影と3Dマッピングによる木材の
種類・量の算出や山の売買金額査定などの新サービス提供、さらには定期点検などの撮影や災害安全
確認マップの作成など地域社会にも役立つ発信やサービスの提供ができればと考えている。

石田社長：なるほど、よくわかりました。ただし、播州エリアへの集中
工作、新規分譲地の情報入手と工作の強化、FPVドローン関連の人
的負荷の対応、ドローンフォトバンクによる営業分野の拡張と経営資
源（ヒト、モノ、カネ、情報）の投入手配、など、経営サイドとして
も、その準備対応が必要になるということですね。それから、撮影の
許可、他エリアのドローン飛行の許可など、法的な準備も考慮しなけ
ればならないはずですよね。

中山副社長：その通りですが、そこまで行くのには、現状の業務を並行
して走りながら、追加の新規業務を実施しなければなりませんので、
かなり、慎重な対応が必要になります。では、松田取締役、続けてく
ださい。

松田取締役：では、当面のヒトとカネの対応について、お話します。今、
社長がご指摘された点を、円滑に実施していくためには、我々の管
理・人事部門としては、研修、採用、労務管理、などの準備を急ぐ必
要があると思います。まずは、仮称ですが、「ドローン・VRのプロ
ジェクトチーム」を以下のように結成する必要があると思いました。
この組織図は、営業部門、技術部門の現場の皆さんと相談しながら作
成しましたが、当面は、この業務をそれぞれの担当者が専任で行うこ
とはできず、兼任になると思います。

【実施体制】下記体制で推進する。
　ドローン撮影・マーターポートカメラ撮影については、既に経験者のため、遅滞なく稼働に繋げる。
　ドローンフォトバンクは█████████████を中心に、㈲石田印刷 ECサイトディレクター███の協力のも
と、システムを構築する。空撮写真の入力に関しては、㈲石田印刷の█████████████が行う。この3名
はIT関連にも精通しており、本補助事業の遂行に技術的な支障はないと考えている。経理・補助金管理担
当も経験豊富で、過去の補助金事業の際も問題なく対応している。

186

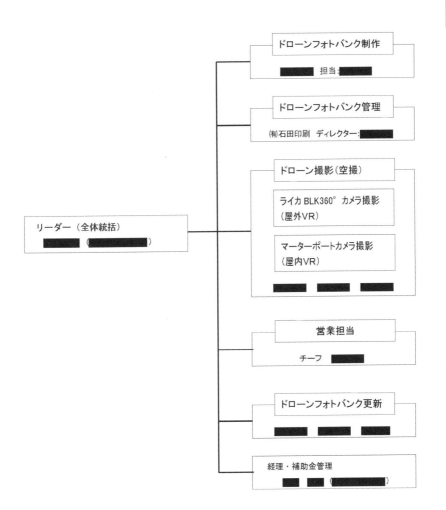

　実際に、このプロジェクトをスタートするためには、さらに「ドローンフォトバンク」の機器発注・契約、ドローン・VR研修、空撮などのECサイトの立上げ、営業開始に関するスケジュール化などがあります。ただし、これらの業務については、必要資金は自己資金で賄うことになっています。

【財務面】

決算書の通り、補助事業推進に懸念は無い。又、必要資金は自己資金で対応する。

〈スケジュール〉7月交付申請・決定と想定して計画

	8月	9月	10月	11月	12月
機器発注（BLK360°カメラ、ドローン）	→→→				
ECサイト「ドローンフォトバンク」発注	→→→→→→→→→→			完成	
ドローン研修		→→→→→			
空撮実施			→→→→→		
空撮写真をECサイトにUP					→→→
営業開始 ＊チラシDMにて不動産・住宅会社へ告知					→→→

①機器発注：交付決定後、BLK360°カメラ、ドローン、「ドローンフォトバンク」構築を発注
②ドローン研修：ドローン入手後、社内にて経験者が未経験者を指導し、操作可能者を増やす。
③空撮～ＥＣサイト「ドローンフォトバンク」にUP：ドローン研修後、空撮を実施し、「ドローンフォトバンク」完成後、空撮写真をアップしていく。
④営業開始：「ドローンフォトバンク」を使った営業活動を開始する。

石田社長：なるほど、このように図表で示したり、作表をすると、よくわかりますね。今後、当社においては、「ドローンフォトバンク」「ドローン空撮写真」「VR撮影」が主要業務になりますので、ある程度割り切った比率を想定すれば、増加後の予想値は策定できますね。また、「ドローンフォトバンク」「ドローン空撮写真」「VR撮影」以外の業務は、成長策を講じないままの成り行き扱いとするならば、これも低下する予想数値はできますね。これらの数値予想を、松田取締役、機械的に策定してしてもらえますか。

松田取締役：実は、今、社長のおっしゃった内容で、ざっくりした予想値を策定しておきました。「業態転換」にて、今後の経営計画を策定する場合は、過去の数値を参考にできませんから、このような割切りの計画値になってしまいます。

中山副社長：確かに、収益計画の（2）「事業化スケジュール」「ドロー
ンフォトバンクを通じた受注のイメージ」や、（3）新事業売上計画
については、かなり割り切った計画になっていますので、今後につい
ては、実態に合った、計画に変更する必要があると思います。例えば、
各部署の作成した売上予測値の合算や、収益計画を確保するための売
上目標の策定など、もう少し、緻密な予測が必要かもしれません。い
ろいろ外部環境や内部環境の動きをフォローして、精度を上げた計画
を期待しています。

3：本事業で取得する主な資産

本事業により取得する主な資産（単価50万円以上の建物、機械装置・システム等）の名称、分類、取得予
定価格等を記載してください。（補助事業実施期間中に、別途、取得財産管理台帳を整備していただきま
す。）

建物の事業用途 又は 機械装置等の名称・型番	建物又は製品等分類 （日本標準商品分類、中分類）	取得予定価格	建設又は設置等を 行う事業実施場所 （1．申請者の概要で記載された事業実施場所に限ります。）
ライカ社製BLK 360°カメラ	65　理化学機械 及び光学機械	▉ 円	
ドローンフォトバンクECサイト	53　プログラム	▉ 円	

4：収益計画

（1）実施体制

　前述の体制で実施する。

（2）事業化スケジュール

	主な実施事項	期待する効果（売上見込みは下表参照）
基準年度	・ドローンフォトバンクの完成 　（姫路周辺エリア） ・BLK360°カメラを活用 ・既存顧客へチラシやDMで案内	・ドローンフォトバンクを通じた新規受注 ・住宅展示場コンテンツ作成受注 ＊基準年度は売上計画には入れない。
1年後	・ドローンフォトバンク内にプロモー ションビデオサンプル作成 ・ドローンフォトバンク 　（兵庫県の完成） ・既存顧客へチラシやDMで案内 ・新規顧客へチラシやDMで案内	・ドローンフォトバンクを通じた受注 　平均3件／月の受注（新規取引36件／年） ・住宅展示場コンテンツ作成（平均単価：▉万円） 　6件／年受注
2年後	・ドローンフォトバンク（当社大口顧 客のいる岡山・和歌山の完成） ・既存顧客へチラシやDMで案内 ・新規顧客へチラシやDMで案内	・ドローンフォトバンクを通じた受注 　平均3件／月の受注（新規取引36件／年） ・住宅展示場コンテンツ作成（平均単価：▉万円） 　12件／年受注

3年後	・ドローンフォトバンク 　（滋賀県の完成） ・既存顧客へチラシやDMで案内 ・新規顧客へチラシやDMで案内	・ドローンフォトバンクを通じた受注 　平均3件／月の受注（新規取引36件／年） ・住宅展示場コンテンツ作成（平均単価：■万円） 　15件／年受注
4年後	・ドローンフォトバンク 　（大阪府の完成） ・既存顧客へチラシやDMで案内 ・新規顧客へチラシやDMで案内	・ドローンフォトバンクを通じた受注 　平均3件／月の受注（新規取引36件／年） ・住宅展示場コンテンツ作成（平均単価：■万円） 　20件／年受注
5年後	・ドローンフォトバンク 　（京都府の完成） ・既存顧客へチラシやDMで案内 ・新規顧客へチラシやDMで案内	・ドローンフォトバンクを通じた受注 　平均3社／月の受注（新規取引36社／年） ・住宅展示場コンテンツ作成（平均単価：■万円） 　30件／年受注

≪ドローンフォトバンクを通じた受注のイメージ≫

　1件（5区画）を単位として、平均2%の広告費とすると、250万円であり、その内50%の広告を受注すると仮定した場合、月平均約10万円の売上となる。（前述のサービス内容と価格の項参照）

　これをベースに、新規受注3件／月、1年間契約が継続すると仮定すると、1ヶ月当たり30万円の売上となる。

（単位：万円）

顧客	1月	2月	3月	4月	5月	6月	7月	8月	9月	10月	11月	12月	1月
1～3件	30	30	30	30	30	30	30	30	30	30	30	30	30
4～6件		30	30	30	30	30	30	30	30	30	30	30	30
7～9件			30	30	30	30	30	30	30	30	30	30	30
10～12件				30	30	30	30	30	30	30	30	30	30
13～15件					30	30	30	30	30	30	30	30	30
16～18件						30	30	30	30	30	30	30	30
19～21件							30	30	30	30	30	30	30
22～24件								30	30	30	30	30	30
25～27件									30	30	30	30	30
28～30件										30	30	30	30
31～33件											30	30	30
34～36件												30	30
37～39件													30
合計	30	60	90	120	150	180	210	240	270	300	330	360	390

　上表の推移を纏めると、1年目は2,340万円、2年目以降は4,320万円が継続する。

（3）新事業売上計画

前述より、新事業の売上計画は下表となる。

（単位：万円）

	1年後	2年後	3年後	4年後	5年後
ドローンフォトバンク	2,340	4,320	4,320	4,320	4,320
ＶＲ・プロモーションビデオ（コンテンツ制作）	150	300	375	500	750
合計	2,490	4,620	4,695	4,820	5,070

（4）事業分野別売上計画表

全体の売上計画と新事業比率は下表の通り。

（単位：万円）

		基準年	1年後	2年後	3年後	4年後	5年後
既存事業	チラシ類	7,400	7,000	6,500	6,000	5,800	5,500
	折込・ポスティング	2,850	2,800	2,750	2,700	2,650	2,600
	冊子類	1,500	1,600	1,700	1,800	1,900	2,000
	封筒等	1,400	1,450	1,500	1,550	1,600	1,650
	18-print	1,200	1,300	1,400	1,500	1,600	1,700
	Web	3,500	4,000	4,500	5,000	5,500	6,000
	その他	5,800	6,300	6,800	7,300	7,800	8,300
	小計	23,650	24,450	25,150	25,850	26,850	27,750
新事業		0	2,490	4,620	4,695	4,820	5,070
合計		23,650	26,940	29,770	30,545	31,670	32,820
新事業比率（％）			9.2	15.5	15.3	15.2	15.4

> 新事業比率は2年後から15％超になる計画である。

（単位：円）

	直近の決算年度 [3年3月]	補助事業終了年度 （基準年度） [4年3月]	1年後 [5年3月]	2年後 [6年3月]	3年後 [7年3月]	4年後 [8年3月]	5年後 [9年3月]
① 売 上 高	231,251,833	236,500,000	269,400,000	297,700,000	305,450,000	316,700,000	328,200,000
② 営 業 利 益	▲5,877,764	▲6,620,000	▲842,000	644,000	1,879,000	2,294,000	4,514,000
③ 経 常 利 益	14,360,371	3,380,000	▲842,000	644,000	1,879,000	2,294,000	4,514,000
④ 人 件 費	81,773,546	82,775,000	88,902,000	98,241,000	100,798,500	104,511,000	108,306,000
⑤ 減価償却費	4,810,364	6,620,000	6,230,000	5,310,000	4,230,000	4,040,000	2,050,000
付加価値額（②+④+⑤）	80,706,146	82,775,000	94,290,000	104,195,000	106,907,500	110,845,000	114,870,000
伸び率（％）			13.9	25.8	29.1	33.9	38.7
従業員数（任意）	12	12	13	14	14	14	14
従業員一人あたりの付加価値額（任意）	6,725,5126	6,897,917	7,253,077	7,442,500	7,636,250	7,917,500	8,205,000
従業員一人あたりの付加価値額伸び率（％）			5.1	7.8	10.7	14.7	18.9

【算出根拠】

①売上高：上記収益計画による。

②営業利益：下表による。

③経常利益：基準年度は本補助金（1,000万円を雑収入で計上し、営業利益にプラスした。1年後以降は
営業外収支はゼロとして計画した。

④人件費：過去の売上高に対する人件費率（33～35％）をベースに、人員増（1年後、2年後各1名）も
加味し、上記の数値とした。

⑤減価償却費：既存設備の減価償却費（予測値）に本補助事業での設備投資の減価償却費（＊下記参照）を
加味した数字とした。

＊本補助事業での設備投資額の内、ライカカメラ（■■■■■円）、「ドローンフォトバンク」
（■■■■■円）をそれぞれ5年均等償却で約2,800,000円／年とした。又、ドローン（2台合計で
約50万円）はそれぞれ30万円未満で、基準年度の一括償却として織り込んだ。

≪営業利益算出手順≫

人件費、減価償却費以外の販管費は過去の実績値（売上高の約１３％）をベースに計算、又、売上総利益は過去の実績値（売上高の４８％）をベースに算出し、営業利益を算出。それらを纏めたのが下表。

	基準年度	１年後	２年後	３年後	４年後	５年後
売上高	236,500,000	269,400,000	297,700,000	305,450,000	316,700,000	328,200,000
売上総利益	113,520,000	129,312,000	142,896,000	146,616,000	152,016,000	157,536,000
a 人件費	82,775,000	88,902,000	98,241,000	100,798,500	104,511,000	108,306,000
b 減価償却費	6,620,000	6,230,000	5,310,000	4,230,000	4,040,000	2,050,000
c その他販管費	30,745,000	35,022,000	38,701,000	39,708,500	41,171,000	42,666,000
販管費合計 （a+b+c）	120,140,000	130,154,000	142,252,000	144,737,000	149,722,000	153,022,000
営業利益	▲6,620,000	▲842,000	644,000	1,879,000	2,294,000	4,514,000

以上の通り、付加価値額伸び率は年平均７．７４％となる計画である。

又、５年間の付加価値額増加合計は１．１７億円であり、費用対効果の高い事業である。

第4章

取締役会が機能すれば
中小企業の経営力は上がる

多くの中小企業の経営者と話をすると、「自分たちは大企業ではなく、むしろ個人企業に近い」という発言が大半でした。「大企業は人間味に欠け、個人企業は人間味豊かであり、毎日、楽しく仕事をすることが大切です」という話になっていきます。しかし、社長以外の役職者や従業員の方々と時間をかけて話してみると、社長が求める楽しい仕事場で働いていると思っている人は、ほとんどいません。

　今の若手は、勤務時間内は目一杯働いて、給料水準が高く、しかも徐々に上がっていく職場を求めていると言いますが、本音は、自分の職場や他の企業でもリーダーになって、その組織を自分のロマンで、動かしたいと思っているようです。または、自分のロマンを満たせるような空間のリーダーになりたいようです。

　しかし、多くの中小企業を俯瞰してみた場合、経営者は利益に拘束され、従業員は上司に拘束され、それぞれの意識にすれ違いが生じ、多くの中小企業のなかには重く澱んだ空気が流れているようです。社長のポストを長く続けた経営者は、自分が大家族の家長で皆が自分の子供であるイメージを持っていますし、従業員は、大企業・上場企業の勤務状況を求めながら、自社や同業者等のリーダーになりたいと思っています。すなわち、中小企業の経営者は、大家族の家長さんを求め、従業員は合議制と内部統制が整った、透明で風通しの良い企業で働きたいと思っています。

　このような中小企業の解決策こそ、取締役会の活性化だと思います。この本の第2章と、第3章を読んでいただきながら、多くの読者は、「この本は何を言いたいのかな」と思われたと思います。種明かしをしますと、「取締役会が機能すれば中小企業の経営力が上がる」ということです。第2章と3章を逆読みしていただけば、第2章ならば、第4回取締役会のために、社長交代の対話があり、第1回から第3回までのプロジェクトチームの質疑があったことがわかります。また、第3章ならば、初回の取締役会のために、社長と副社長の対話があって、その後に副社長の認定支援機関安田先生へのコンサル依頼の会話があって、次に3人の役員

と安田先生の面談があったことがわかると思います。もしも、この取締役会がなかったならば、会社の方針が決定せず、また、社長の大きな指示・命令があったとしても、その会社のメンバーは指示などの真意を理解せずに空回りをして、モニタリングにまではなかなか行きつかなかったかもしれません。

　しかし、この取締役会は、一般には、密室の出来事とか、伏魔殿のやりとりのように見られています。大きな会社ならば、多くの課長・係長でもその会議に参加したことはなく、金融機関ならば、各支店の店長・副店長も、出席したこともないと思います。中小企業については、この取締役会は社長の独演会になったり、役員の前月業績の発表会になり、第2章や第3章で述べられたような活気のある有益な取締役会ではないと思います。ほとんどの役職員は、取締役会の経験はないかもしれませんが、経営の意思決定や施策決定のプロセスを知ることは大切です。あるいは、突然、取締役会のメンバーになるかもしれません。そして、サラリーマンの家族の方々は、ドラマ半沢直樹で、大和田常務が半沢直樹に土下座をしている会議を取締役会と思っているかもしれません。ビジネスマンならば、真の取締役会を知ることも重要です。

　以下において第2・3章のテーマを解説します。

1. 事業承継と取締役会

　中小企業経営者の平均年齢は毎年上昇していますし、社長の在任期間も長くなっています。

　中小企業庁も円滑な事業承継を目指して、そのホームページで、対策を述べています。もしも、第2章の前段のように、後任の社長と現在の社長が、しっかりした取締役会を設けることができれば、知識や情報の引継ぎも順調に進み、後任の社長の活動支援も全役員の力で可能になります。後継者の事業承継の不安は大きく減りますし、取引金融機関や行政機関も安心して以下のような総合的な事業承継支援もできるようになります。

					本文へ　サイトマップ　English
	経営 サポート	金融 サポート	財務 サポート	商業・地域 サポート	相談・情報提供　文字サイズ 小 中 大

トップページ	中小企業庁について	中小企業憲章・法令	公募・情報公開	審議会・研究会	予算	白書・統計情報

トップページ　▶　財務サポート　▶　事業承継　▶　事業承継の支援策

 財務サポート　「事業承継」
中小企業の円滑な事業承継を支援するための施策等についてご案内します。

◉税制　◉会計　◉中小会計要領　◉会社法　◉事業承継

事業承継を知る	事業承継を実施する	事業承継の支援策

┃ 事業承継の支援施策

中小企業の事業承継を後押しするための様々な支援策があります。
支援機関の方や支援施策の詳細を調べたい中小企業の方は、こちらをご確認ください。

事業承継の相談・伴走

事業承継・引継ぎ支援センター 親族内 従業員 M&A
全国47都道府県で、事業承継全般に関する相談対応や事業承継計画の策定、M&Aのマッチング支援などを原則無料で実施しています。

補助金

事業承継・引継ぎ補助金（令和2年度3次補正予算、令和3年度当初予算） 親族内 従業員 M&A
M&A時の専門家活用費用や事業承継・引継ぎ後の設備投資や販路開拓、設備廃棄費用等を支援します。

M&A支援機関登録制度 M&A
事業承継・引継ぎ補助金で仲介手数料やフィナンシャルアドバイザー費用が補助対象となる、登録支援機関を検索できます。

税制

法人版事業承継税制（特例措置） 親族内 従業員
非上場の株式等の承継に伴う贈与税・相続税の負担を実質ゼロとする特例措置です。2024年3月までに特例事業承継計画を提出し、2027年までに事業承継を実施する必要があります。
※申請マニュアル、申請手続関係書類

法人版事業承継税制（一般措置） 親族内 従業員
非上場の株式等の承継に伴う贈与税・相続税の負担軽減措置です。

個人版事業承継税制 親族内 従業員
個人事業主の特定事業用資産の承継に伴う贈与税・相続税の負担を実質ゼロとする特例措置です。2024年3月までに個人事業承継計画を提出し、2028年までに事業承継を実施する必要があります。

経営資源集約化税制 M&A
設備投資減税、雇用確保を促す税制、準備金の積立の3つの措置を活用できます。

登録免許税・不動産取得税の特例 M&A
M&A時の不動産の権利移転にかかる登録免許税・不動産取得税を軽減するものです。

金融支援（融資、信用保証）

日本政策金融公庫等の融資、信用保証等 親族内 従業員 M&A
株式の買い取りや相続税の支払いなど承継時に必要となる各種の資金に対して融資や信用保証を受けることができます。

経営者保証解除支援

事業承継時の経営者保証解除支援 親族内 従業員
経営者保証の解除に向け、「経営者保証に関するガイドライン」の充足状況の確認や金融機関との目線合わせをサポートします。

株式の集約

<u>遺留分に関する民法の特例</u> 親族内 従業員
後継者が先代経営者の推定相続人との間で遺留分に関する各種の合意をすることができます。

<u>所在不明株主に関する会社法の特例</u> 親族内 従業員 M&A
所在不明株主の株式の取得に要する手続の時間を5年から1年に短縮する特例です。

ファンド

<u>中小企業基盤整備機構ファンド事業</u> 従業員 M&A
ファンドを活用し、MBO（Management Buyout）を含む事業承継が可能です。

後継者育成・支援

<u>中小企業大学校</u> 親族内 従業員
経営後継者研修では、座学、演習、実習による知識や現場の知恵の習得及び自社の分析を通じて、経営者に必要なマインドやスキルの向上を図ります。

<u>アトツギ甲子園</u> 親族内
新規事業等に挑戦する後継者候補を応援するピッチコンテストです。

ガイドライン・マニュアル

<u>事業承継ガイドライン</u> 親族内 従業員 M&A
事業承継の取組み方等をまとめています。

<u>事業承継マニュアル</u> 親族内 従業員 M&A
事業承継の取り組み方等について、経営者の方向けにわかりやすくまとめています。

2 ◆ 定例的な取締役会のポイント

1 報告・協議・決裁

　「報告」は、企業の組織的な部署ごとに、毎月、行う必要はなく、特別な出来事や大きな数値変動について伝達することが一般的です。例えば、売上ならば、地域・商品・販売先などの項目別に、費用ならば、人件費・物件費・経費などの項目別、また、季節やイベントに沿ってその項目別の実績の大きな変化の説明や特別な出来事を、臨機応変に発表することが望ましいとされています。大きな案件を決裁した場合は、その関連数値や状況を数か月間、報告することも重要です。

　「協議」は、「報告」に関する質疑から、数人の取締役間で行われることが多いですが、第2章のように、「新社長の経営理念や戦略」や「事業再構築補助金の申請書の行政機関への提出」などの特別な案件については、事前に参加取締役に予告をしていることもあります。

　「決裁」は、事前に決裁の項目を全取締役に知らせ、関連資料を配布しておくことが一般的です。協議の折に、紛糾したならば、翌月の協議に繰り越したり、臨時取締役会を開催するケースもあります。

2 取締役会でのデジタルデータ化、SDGs、環境問題の情報提供

　中小企業といえども、経営者であれば、国の施策である「デジタルデータ化」「SDGs、環境問題」の情報を自社の施策に加味しなければならず、取締役会で社内メンバーに徹底する必要があります。以下の「デジタルガバナンス・コード」「カーボンニュートラル施策（SDGs施策）」は、

経済産業省が、ともに旗振りを行っていますが、経営者としては習得しておくことが大切です。

1. ビジョン・ビジネスモデル
2. 戦略
2－1. 組織づくり・人材・企業文化に関する方策
2－2. ITシステム・デジタル技術活用環境の整備に関する方策
3. 成果と重要な成果指標
4. ガバナンスシステム

中小企業のカーボンニュートラル施策の方向性

「グリーンエネルギー戦略
中間整理」より抜粋

● 各中小企業の**排出量や排出削減の取組の状況**に応じて、**排出量の見える化**、**設備投資促進**、支援機関からの**「プッシュ型」の働きかけ**、**市場創出**等の施策で後押ししていく。

（1）温室効果ガス排出量の「見える化」の促進

➤ 全ての希望する中小企業が、温室効果ガス排出量を簡易に算定し、削減取組も含めて公表できるよう、**ノウハウの提供**や**国の電子報告システムの整備**を行う。また、IoTの活用や専門家による分析・提案も通じて、**省エネ・省CO2の余地に係る検討**を促す。

（2）カーボンニュートラルに向けた設備投資等の促進

➤ 省エネ・省CO2効果が期待できる場合、**再エネ設備の導入や高効率な生産設備への入替**などにより省エネ・省CO2を促すとともに、それを契機としたコスト削減、生産性向上を促していく。

（3）支援機関からの「プッシュ型」の働きかけ

➤ （1）（2）の施策を展開するにあたり、地域の金融機関や中小企業団体等の**支援機関によるCNアクションプランの策定を慫慂**するとともに、**支援人材の育成**を行うことなどにより、相談を待つのではなく「プッシュ型」で支援施策を紹介してもらうなど働きかけを行ってもらえるよう、支援体制の強化を図る。

（4）グリーン製品市場の創出 ※対象は中小企業に限定されない

➤ **製品の排出量等の表示ルールの策定**や**グリーン製品の調達等を官民で推進**することにより、グリーン製品が選定されるような市場を創出していく。また、例えば、**適正な価格転嫁を行いつつサプライチェーン全体で「見える化」・排出削減を行う**ことで、当該製品の競争力強化、当該サプライチェーンの強靭化を図るような取組を後押ししていく。

➤ 今後、取引先企業から組織や製品単位のCO2排出量を求められるであろうことに鑑み、脱炭素経営の取組を中小企業を含む企業の実務に落とし込み、グリーン製品や脱炭素経営が評価され、投融資や事業機会の拡大、ひいては地域の脱炭素化・ライフスタイル転換に繋がるよう、必要な環境整備を行う。

③ 取締役会での業界・ビジネス界・政治経済情報の提供

業界・ビジネス界・政治経済の情報など、外部環境に関する情報は、

経営者が口頭にて役員や部下などに、「皆、新聞を毎日読むこと」と注意することで済んでいたかもしれませんが、現在は、かなり突っ込んだ情報提供を求められ、取締役会で徹底することになっています。例えば、新型コロナ危機に関わる、三密防止策・テレワーク策・感染症防止策や、ロシアのウクライナ侵攻に関するサプライチェーン施策等は、個々の企業においても、自社の施策に盛り込まなければならなくなっています。また、DX・GXの動きや業界の出来事は、会社メンバーの日常業務に影響することも多くなっています。

　例えば、建設業界では、大手ゼネコンが中小・下請会社の経営人材や技能労働者の確保を支援しています。企業間連携も日々の業務活動に変化をもたらします。建設人材は、2024年には「残業規制強化」で不足が見込まれます。この事実を示して、自社にとっても、これから人材確保に注意をしなければならないということを徹底することは大切です。「2022年版 中小企業白書・小規模企業白書 概要（令和4年4月 中小企業庁）」などを使って、取締役会で経営幹部が皆に周知し意見交換などをすることも重要です。

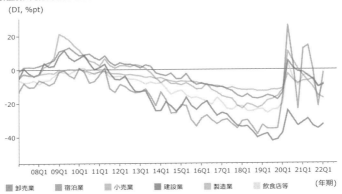

● 中小企業の人手不足感は、感染症流行の影響により一時的に弱まったものの、依然として人手不足の状況が見られる。

図 業種別に見た、従業員過不足DIの推移

(DI, %pt)

■ 卸売業　■ 宿泊業　■ 小売業　■ 建設業　■ 製造業　■ 飲食店等　(年期)

資料：中小企業庁・（独）中小企業基盤整備機構「中小企業景況調査」
（注）従業員数過不足数DIとは、従業員の今期の状況について、「過剰」と答えた企業の割合（％）から、「不足」と答えた企業の割合（％）を引いたもの。

4 取締役会の諮問チーム（プロジェクトチーム）の活用

　取締役会をほとんど活用しなかったワンマン経営者の時代には、経営に大きな影響をもたらす案件が生じても、企業全体で検討することはほとんどありませんでした。第2章では新社長が就任して取締役会がスタートしました。これを機に大きな案件は皆で意見交換を行い情報を共有する動きになりました。「経営理念・戦略」「事業再構築補助金の申請書の作成」の案件では、当社の主要役員とデジタル機器等に長けた中間管理職のメンバーを選出し、プロジェクトチームを組成することになりました。取締役会での質疑を通して案件の内容を深めて合議するという機運がなければ、この動きはありませんでした。

　第2章では、そのプロジェクトチームの活動経緯から成果物の作成までの間を、詳しく述べました。

　このように深く掘り下げなければならない案件や、長期間継続的にフォローしなければならない案件、また、業界や他社の動向を細かく把握しなければならない案件、などについては、取締役会が旗振り役になって、プロジェクトチームを組成することも多くなってきました。

　最近では、「コンプライアンス委員会」を組成して、3か月から半年に1回、活動結果を取締役会で発表し、質疑・協議を行うケースも多くなっています。

　また、大きなシステムの導入や、仕入先や販売先との連携を行うDX方式のシステム開発などにかかわり、取締役会の決議の下に「システム導入委員会」などを組成する企業も目立っています。取締役会の承認によって、全社員向けのシステム・アンケートを実施したり、各部署からシステムに詳しい人材を集め意見交換を行っています。システム開発の経過報告やシステム関連の資金調達の報告を、毎月取締役会で、ミニ報告形式で発表させるケースもあります。

5 外部専門家（認定支援機関等）等との交渉と取締役会

　企業が営む事業に対して外部の専門家との相談や支援を受けることは、企業内の事業担当者としては、社長や経営陣の承認を得る必要があります。まして、その外部専門家が個人である場合は、個人間の情実や利益相反の問題があって、合議制の取締役会の了解を得たいと思います。

　本書の第3章では、外部専門家（安田認定支援機関）の役割については、副社長がその役割を取締役会で話し、社長が安田認定支援機関の選任について報告しています（159ページ参照）。また、この安田認定支援機関は全取締役の周知の人物であり、社長・副社長以外の取締役から異論もありませんから、取締役会で実質承認となっています。

　安田認定支援機関の業務内容は、「事業再構築補助金の申請書の作成」のアドバイスが中心で、専務・常務・取締役の相談業務も行うことになっていますが、これからも、個人専門家と企業との関わりは多くなります。従来は、社長や代表取締役へ、その専門家を紹介し簡単な対話で、実質的にコンサル契約を済ませることが一般的でしたが、これから、取締役会が機能するならば、このコンサル契約は取締役会の決裁事項になります。

　最近、マスコミなどで話題になっている、企業と個人専門家との不明瞭なコンサル料の問題も、取締役会が機関決定をしていれば、コンサル内容や料金の問題も明確になって、トラブルも解消され、円滑なコンサルの運用と効果になっていたものと思われます。

6 取締役会は参加取締役・監査役への教育・訓練の場となる

　多くの企業の取締役会では、代表取締役が議長になり、会議の司会役を担いますが、この議長が、参加する取締役や監査役の教育訓練者になります。

　第3章では、当社の中山副社長が、顧問税理士の安田税理士（認定支

援機関）に対して、「事業再構築補助金の申請書の作成」のアドバイスと同時に、取締役仲間である専務・常務・取締役の経営に関わるマクロ観の養成をお願いしました。本来ならば、石田社長・中山副社長が、開催される取締役会を通して、専務・常務・取締役に経営に関するマクロ視点の養成を促し、それぞれの役員が自ら独学するべきものです。もしも、取締役会が実施され、報告・協議・決裁を繰り返していたならば、各取締役や監査役が発表・質疑するなかで、経営全般も習得できていたと思います。

　今後は少なくなると思いますが、代表取締役や社長の接待・被接待についても、取締役会での情報交換が必要になります。社長が行う飲食やゴルフなどの接待・被接待は、会社の重要取引先などが相手ですから、その企業や機関の担当者やその上司、担当役員も情報共有しておくべきことです。また、この接待・被接待は、長く続いている場合は、独特の慣習ややり方があるもので、取締役会のメンバーとしては知っておくべきです。そして、社長にしか入らなかった情報は、個人情報を除けば、各役員が共有することができれば、いままで社長しかできなかった接待・被接待の分散も可能になります。

　また、接待・被接待は必ずしも、社長に限定することではありません。多くの役員からの接待・被接待の外部情報も情報共有が必要な件もあります。

おわりに

　日本社会が少子高齢化に見舞われ、労働環境の構造改善が喫緊の課題になっています。若手が減少して、働き手が少なくなり、社会保障の受け手である高齢者の人数が増加し、出し手である若い人々の負担が急速に高まると言われています。しかし、その前に、働き手を雇う中小企業の経営者の人数が急減します。廃業や倒産などで中小企業は減少し、経営者自身の経営力も落ちてしまいます。日本の経営者は、デジタルデータ化、グローバル化、SDGsなどに追い付かず、かつてのパワーは低下しています。

　労働者の減少ならば、機械化、ロボット化、AI化、外国人労働者で、ソフトランディングが可能かもしれませんが、中小企業経営者の減少や能力・やる気の低下は、補完手段がなく、大きな問題となります。雇用を確保する経営者の問題は、即、生産性低下や労働環境への衝撃になっています。この対策としては、取締役会の活性化と合議制による経営力の強化になります。高齢化した経営者から若手経営者への事業承継は、取締役会を介した企業自体の経営力の強化です。会社法に書かれている取締役会の機能を発揮するだけでも、ワンマン経営で活力が低下した中小企業の経営力は復元することになると思います。家長的家族経営を行っている経営者では、なかなかできなかった、全員参加型の経営も取締役会の後押しで可能になり、充実した中小企業への外部専門家の支援も取締役会でその効果が高まるものと思われます。

　取締役会を食わず嫌いしていたならば、高齢経営者と若手経営者候補の断絶はさらに広がり、デジタル化・DX、SDGsの課題がそこに入ってくれば、その距離はさらに大きく広がってしまいます。デジタル化が

進んで来れば、高齢化した経営者が求めるマニュアル冊子はなくなり、デジタル機器の操作はトライ＆エラーに収斂してくるように、今、新しい考えを積極的に導入しない経営者は、取り残されてしまいます。

　高齢者の頭の中は、一般に事務マニュアルに頼っており、過去の経験に積み上げられた知識体系の修正しかできず、新しいデジタル化は受け入れられなくなっているようです。デジタル機器に長けた若手は、臨機応変にそれらのシステムを操るようになっています。もう、高齢者が、機器の操作を若手に聞いても、トライ＆エラーで学んだ若者は、言葉では教えられなくなっています。若者はとにかく「トライ＆エラーをしてください」と囁くことしかできず、その断絶は修復不可能になっていくかもしれません。取締役会は、直接、合議制とコミュニケーションで情報収集と、客観的で透明性のある意思決定に役立ちます。その上にこの取締役会を梃子として、本書で述べたプロジェクトチームの活用や外部専門家との連携に、また、参加している取締役や監査役自身の教育訓練にも大いに貢献することになります。

　これからは、中小企業といえども、内部統制が浸透しますが、その内部管理ルールは、デジタル化やSDGs、グローバル化、などの社会常識が当然になり、そのルールの根底に流れるプリンシプル（原理・原則・仕組み）も、高齢者にとっては、理解しにくいものになります。かつての内部統制については、「統制環境・リスク評価と対応・統制活動・情報と伝達・モニタリング・ITへの対応」という基本的要素が唱えられていましたが、それらの抽象論は、上場会社たるプライム企業・スタンダード企業などでは、「コーポレートガバナンス・コード」にシフトされ、

「株主・ステークホルダー・取締役会・情報開示・対話」の5つの原則の実践が浸透されています。

　とにかく、企業内部に飛び交う情報は、大量になり、質も高度化し、そのスピードも凄まじくなって、どの情報を取るかよりも、むしろ、どの情報を無視するかが、ポイントになってくると思います。もう、ワンマン経営者や家長的大家族主義は、通用しなくなり、目下、中小企業に導入するか否かを検討している「取締役会」も、明日には、さらに進んだデジタル化した合議制に進化しているかもしれません。中小企業の経営者ならば、早期に取締役会の「プリンシプル」を習得し、昔のように名実ともにリーダーとして躍動していただきたいと思います。

　この著作では、新しい企業の形にチャレンジするために、株式会社ビジネス教育出版社の酒井敬男会長や中野進介社長とは意見交換やメール交流を重ね、山下日出之エディトリアル・プロデューサーには、細目にわたる考え方や表現の修正等にお世話になりました。種々の機会をとらえて、有難いアイデアのご提供や良きアドバイスをいただきました。ここに、心より感謝を申し上げます。

中村　中

〈著者プロフィール〉

中村　中(なかむら　なか)

経営コンサルタント・中小企業診断士・経営革新等支援機関

1950年生まれ。

三菱銀行(現三菱UFJ銀行)入社後、本部融資部・営業本部・支店部、岩本町・東長崎各支店長、福岡副支店長等を歴任、関連会社取締役。

2001年、㈱ファインビット設立。同社代表取締役社長。週刊「東洋経済」の選んだ「著名コンサルタント15人」の1人。中小企業金融に関する講演多数。

橋本総業ホールディングス株式会社(東証プライム)監査役、中小企業顧問、医療法人監事 等。

〈主な著書〉『事業再構築補助金とDXによる経営革新』『企業価値向上・DX推進に向けた 中小企業の生産性革命』『コロナ危機に打ち勝つ 中小企業の新しい資金調達』『地域が活性化する 地方創生SDGs戦略と銀行のビジネスモデル』『新 銀行交渉術－資金ニーズの見つけ方と対話』『事業性評価・ローカルベンチマーク 活用事例集』〈共著〉『事業性評価融資－最強の貸出増強策』『ローカルベンチマーク～地域金融機関に求められる連携と対話』『金融機関・会計事務所のためのSWOT分析徹底活用法～事業性評価・経営改善計画への第一歩』〈共著〉(以上、ビジネス教育出版社)、『中小企業再生への経営改善計画』(ぎょうせい)、『中小企業経営者のための銀行交渉術』(TKC出版)、『銀行交渉のための「リレバン」の理解』(中央経済社)他多数

取締役会が機能すれば中小企業の経営力は上がる
〜「事業再構築補助金」が内部統制と生産性向上を促す

2022年 12月15日　初版第1刷発行

著　者　　**中村　中**

発行者　　**中野　進介**

発行所　株式会社 **ビジネス教育出版社**

〒102-0074　東京都千代田区九段南4-7-13
TEL 03(3221)5361(代表)／FAX 03(3222)7878
E-mail▶info@bks.co.jp URL▶https://www.bks.co.jp

印刷・製本／シナノ印刷㈱　　装丁・本文デザイン・DTP／㈲エルグ
落丁・乱丁はお取り替えします。

ISBN978-4-8283-0975-0　C2034